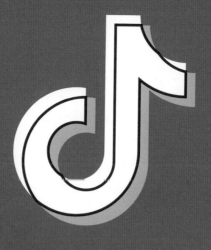

抖音盒子

精准定位+通晓算法+引流运营+直播带货+橱窗卖货

全权 ◎ 编著

U0298845

清华大学出版社
北京

内容简介

本书是笔者畅销30万份的抖音电商热门课程的精华，结合笔者运营抖音300多万粉丝的实战经验，以及孵化出多位抖音直播网红的技巧，打造的一套抖音电商运营方法。

全书分为10章，主要讲解了玩转盒子、精准定位、内容策划、算法机制、推荐机制、店铺运营、产品引流、营销推广、直播带货、橱窗卖货等内容，帮助读者快速玩转抖音盒子。

本书适合想进军抖音电商的商家，特别是抖音盒子的新手运营者，可以帮助读者快速实现精准定位、引流涨粉、直播带货等。

图书在版编目(CIP)数据

抖音盒子：精准定位+通晓算法+引流运营+直播带货+橱窗卖货 / 全权编著. —北京：清华大学出版社，2023.1

ISBN 978-7-302-61904-8

Ⅰ．①抖… Ⅱ．①全… Ⅲ．①网络营销 Ⅳ．①F713.365.2

中国版本图书馆CIP数据核字(2022)第178335号

责任编辑：张　瑜
封面设计：杨玉兰
责任校对：周剑云
责任印制：朱雨萌
出版发行：清华大学出版社
　　　　网　　　址：http://www.tup.com.cn, http://www.wqbook.com
　　　　地　　　址：北京清华大学学研大厦A座　　　　邮　　编：100084
　　　　社 总 机：010-62770175　　　　邮　　购：010-62786544
　　　　投稿与读者服务：010-62776969, c-service@tup.tsinghua.edu.cn
　　　　质量反馈：010-62772015, zhiliang@tup.tsinghua.edu.cn
印 装 者：北京博海升彩色印刷有限公司
经　　销：全国新华书店
开　　本：170mm×240mm　　印　　张：15.5　　字　　数：296千字
版　　次：2023年1月第1版　　印　　次：2023年1月第1次印刷
定　　价：69.80元

产品编号：088383-01

前言

如今，"短视频＋直播＋电商"的结合已经成为一种大趋势，谁能够抓住先机，谁就可以占领市场高地！对于互联网来说，流量在哪里，哪里就有商机，因此很多企业和个人也在不断地学习使用短视频和直播这种有效的带货方式。但是，具体应该如何做呢？这就是笔者写作本书的初衷。

大学毕业 3 年后，我仍旧一个月拿着几千块钱的薪资，交完房租和水电费，省吃俭用却依旧存不下钱，我和大多数北漂青年一样充满着深深的无力感。这种无力感，是来源于底层的，看不到任何前途和希望，觉得自己这一辈子可能永远就这样了！这种感觉，就好像陷进沼泽地一般，你越拼命地挣扎，越无法自拔，那种对前途的渴望，如同新鲜空气一般珍贵。

可是，除了拼命地挣扎，我还能做点什么呢？直到有一天，看到一本书里说的一句话，让我如同触电一般，大致内容为："人和人之间的差别其实是认知的差别。"是的，人与人的差距在最初并不大。真正让我们拉开差距的是眼界，而所谓的眼界就是看到的和内心坚信的东西。

这就好比一个普通人想快速赚钱，他会去找职场上工资比较高的工作，哪怕苦点累点，他都愿意接受。最后，他发现当个快递员或者外卖员挺不错的，不但薪资高而且能立马上手。于是为了赚更多的钱，别人一天跑 10 小时，他一天跑 15 小时，每天至少能多赚 150 元。按照这个逻辑，赚的确实多了，但是自己的时间却越来越不够用，没有更多的时间去深度学习和思考，也没有自己的生活，永远不知道"诗和远方"的滋味，只有眼前的单子。

可能说到这里，会有读者好奇，你前面讲了这么多，和你这本讲抖音盒子的书又有什么关系呢？当然有关系，因为普通人想要在短时间内实现财务自由，就一定要紧跟时代的节奏和风口。我就是最好的例子，当初放弃了一眼望到头的工作，选择了大家都不愿意，也不敢轻易尝试的工作——短视频创业。其实，创业这件事并没有什么值得讲的，毕竟现在出门摆地摊的人也说自己在创业。

但是，自从我接触到短视频后，让我明白了什么叫"指数型思维"，也找到了快速迭代认知的方法——找风口。而抖音盒子就是目前短视频里最大的风口，这是抖音在 2021 年年底内测的一款 App，定位为潮流电商平台。作为抖音在国内推出的首款电商 App，抖音盒子可以说是含着"金钥匙"出生的，也是字节跳动公司利用巨大流量盈利的又一条途径。虽然刚推出来的抖音盒子只是抖音主打时尚潮品的一个场景探索，还没有形成规模，但对于想卖货的商家或者想找机会的新手玩家来说，抖音盒子将是一个不能错过的初代红利。

尤其对于新手玩家来说，抖音盒子目前就像淘宝刚上线的时候，平台为了打造好抖音盒子，会推出大量优惠政策吸引玩家们入驻，门槛不会设置得太高。所以，趁大家目前都在同一起跑线上，只要我们用心经营摸索，就可以利用好这个起飞的时机，分享搜索电商和兴趣电商的最后红利！

另外，字节跳动公司希望让年轻人有更多潮酷商品可以选择，所以目前推出的抖音盒子主打时尚潮品，针对的用户群体也主要是年轻人。如果你正在考虑或者已经在做电商，正好也想卖年轻人的产品，那就可以考虑布局抖音盒子，毕竟跟着平台一起成长，利益的增长是肉眼可见的。

本书不仅是笔者对抖音盒子的独家理解和看法，关键还结合了自己多年的网红孵化和直播带货经验，从精准定位、内容策划、算法机制、推荐机制、店铺运营、产品引流、营销推广、直播带货、橱窗卖货等角度，全方位教会大家玩转抖音盒子。笔者自己也是通过书中介绍的方法，在微信视频号（账号"创业者全权"）、抖音（账号"懂我星球"）等平台上快速站稳脚跟，并获得了不错的收益，使自己从一个默默无闻的普通人变成了年入千万元的公司创始人。

在此，我也希望有缘能看到本书的朋友，抓住这个时代的小趋势，做正确的事，而不再是线性思维，用自己宝贵的时间去换一份糊口的工作。最后，祝愿我们所有人的努力付出都有所回报，也希望大家借助抖音盒子实现副业增收！

编　者

目录

第1章

玩转盒子：抖音独立电商 App

学前提示

抖音盒子是由字节跳动公司推出的一款独立电商App，其slogan（口号）为"开启潮流生活"，背靠抖音的强大流量，有望成为下一个短视频＋直播带货风口。本章主要介绍抖音盒子的入驻方法和基本功能，帮助读者快速了解抖音盒子的方方面面。

1.1 入驻平台：抖音盒子的入驻方法

字节跳动公司的电商布局之路由来已久，从2018年8月上线的抖音小店（购物车），到2021年年底推出的抖音盒子，抖音的"电商梦"已经沉淀了3年多的时间，如今终于步入正轨。

抖音盒子的出现，表明了抖音已经开启了一条全新的商业化道路，用来抗衡淘宝、京东、拼多多等传统电商巨头。

根据《2022抖音电商新品牌成长报告》的数据显示，2020年3月至2021年11月，已有23%的抖音电商消费者购买过新品牌商品，并且这一比例仍在不断提升。由此可见，抖音盒子的未来可期。

1.1.1 抖音盒子的应用介绍

抖音盒子的定位是"潮流时尚电商平台"，在其应用描述中，软件介绍内容为："围绕风格、时尚、购物，从街头文化到高端时装，从穿搭技巧到彩妆护肤，和千万潮流玩家一起，捕捉全球流行趋势，开启潮流生活。"图1-1所示为抖音盒子的应用介绍。

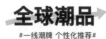

图1-1 抖音盒子的应用介绍

从抖音盒子的应用介绍中可以看到，"风格""时尚""流行""潮流"等字眼被不断提及，可见其重点用户人群为一、二线城市中的年轻人群体，这一点与抖音当初的产品定位如出一辙，如图1-2所示。

截至2022年1月，抖音盒子的关注量已经达到了90多万，而且粉丝多为电商行业的相关从业者，如图1-3所示。

图 1-2　抖音初期的 slogan

图 1-3　抖音盒子的关注量

另外，字节跳动公司为了打通电商闭环，还在支付方面取得了重大突破，在 2020 年 8 月正式获得了支付牌照，并于 2021 年 1 月 19 日在抖音 App 内正式上线抖音支付功能，如图 1-4 所示。

图 1-4　抖音支付功能

2020 年 10 月 9 日，抖音关闭了抖音直播间的所有电商外链，像淘宝、京东等其他第三方平台中的商品将无法分享到直播间购物车中，同时全品类商品都需要通过巨量星图发送任务单才能上架购物车。

从 2022 年开始，抖音正在加码完善物流配送，在与各大快递公司展开合作的同时，还推出自己的快递服务"音尊达"，来降低物流原因导致的品退率与提升用户复购率。抖音所有的这些操作，都是在为自己的独立电商 App——抖音盒子铺路，至于结果如何，就让大家拭目以待吧。

1.1.2　开启"抖音作品及电商直播间"功能

对于普通用户或带货达人来说，想要入驻抖音盒子并在该平台上发视频涨粉丝和开直播带货，可以直接在手机应用商店中搜索并下载抖音盒子，下载之后直接使用抖音号登录，然后开启"抖音作品及电商直播间"功能即可，下面介绍具体的操作方法。

（1）打开抖音盒子 App，点击"我的"按钮，如图 1-5 所示。

（2）进入个人主页，点击"设置"按钮，如图 1-6 所示。

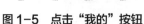

图 1-5　点击"我的"按钮　　　　　　图 1-6　点击"设置"按钮

（3）进入"设置"界面，选择"账号与安全"选项，如图 1-7 所示。

（4）进入"账号与安全"界面，选择"信息管理"选项，如图 1-8 所示。

图 1-7　选择"账号与安全"选项　　　　图 1-8　选择"信息管理"选项

（5）进入"信息管理"界面，选择"抖音作品及电商直播间"选项，如图 1-9 所示。

（6）进入"抖音作品及电商直播间"界面，开启"抖音作品及电商直播间"功能，如图 1-10 所示。

图 1-9　选择"抖音作品及电商直播间"选项　　**图 1-10　开启"抖音作品及电商直播间"功能**

执行上述操作后，即可将抖音作品和电商直播间分发到抖音盒子平台，同时运营者可以在作品中添加商品，从而吸引粉丝关注和提高下单概率。

1.1.3　开通抖音的商品橱窗

抖音盒子是抖音推出的一款独立电商 App，其主要功能为短视频和直播带货，在入驻抖音盒子前还必须开通抖音电商功能（即商品橱窗），其开通条件如图 1-11 所示。

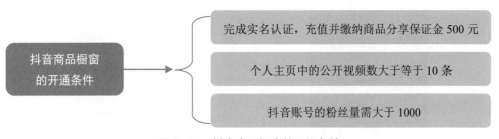

图 1-11　抖音商品橱窗的开通条件

满足条件的运营者可以根据以下操作在抖音 App 中开通抖音电商功能。

（1）打开抖音 App，进入"我"界面，点击右上角的 ☰ 按钮，如图 1-12 所示。

（2）在右侧弹出的菜单中，选择"创作者服务中心"选项，如图 1-13 所示。

图 1-12　点击相应按钮　　　　图 1-13　选择"创作者服务中心"选项

（3）进入"创作者服务中心"界面，如图 1-14 所示。

（4）在"变现能力"选项区中，点击"商品橱窗"按钮 🗔，如图 1-15 所示。

图 1-14　"创作者服务中心"界面　　　图 1-15　点击"商品橱窗"按钮

（5）进入"商品橱窗"界面，在"权限申请"选项区中选择"成为带货达人"选项，如图 1-16 所示。

（6）进入"成为带货达人"界面，可以看到需要完成两个任务，即"带货权限申请"和"开通收款账户"，如图 1-17 所示。运营者根据提示完成相应任务，即可在商品橱窗、短视频、直播中分享推广商品，开启带货之路。

图 1-16　选择"成为带货达人"选项

图 1-17　"成为带货达人"界面

专家提醒

在开通收款账户时，运营者可以选择开通正式账户或开通快速账户两种类型。选择账户类型后首先要完成相关资质（个人 / 个体工商户 / 企业 / 小店商家）的认证，认证通过后继续开通收款账户。不同收款账户的差异如图 1-18 所示。

另外，在"商品橱窗"界面的"权限申请"选项区中，点击"权限说明"按钮，可以进入"权限详情"界面，在此可以查看商品分享权限和开通小店的相关作用，如图 1-19 所示。

账户类型	账户区别	资质类型	所需资料	资质验证
正式账户	1. 支持多种资质，支持对公结算（不含个人资质）2. 微信／支付宝每天各1次提现，每次最高50W 3. 无年限额 4. 需完成开通支付宝、微信及聚合账户	个人	身份证正反面、银行卡号	银行卡号和预留手机号验证，耗时1分钟内
		个体工商户	请准备个体工商营业执照、法人证件、企业银行卡	实名认证／打款认证方式二选一，耗时1-3个工作日
		企业	请准备营业执照照片、法人证件、对公账户	实名认证／打款认证方式二选一，耗时1-3个工作日
		小店商家	建议选择"资质绑定"，如选择其他方式开级结算账户，该账号将无法再和店铺进行绑定	资质绑定审核，耗时1-3个工作日
快速账户	1. 不支持对公，只能对私 2. 提现一天5次，一次2W 3. 每年限额110W	无	身份证正反面、银行卡号	无

图1-18 不同收款账户的差异

权限详情

商品分享权限

● 拥有个人主页商品橱窗功能，支持通过精选联盟添加并分享第三方电商平台（包括但不限于小店、淘宝、京东、考拉海购、唯品会、苏宁易购等）的商品。

● 支持在你的视频或直播间中添加并分享商品。

● 适合分享商品为主的抖音作者。

开通小店

● 完成小店的入驻流程后，你的抖音账号将与你的小店账号绑定，同时会为你开通抖音商品分享权限，你可在你的视频或直播间中添加来自你的小店商品。

● 适合需要售卖自有商品，同时存在分享商品需求的抖音作者。

● 更多信息，点击查看 小店帮助中心 ＞

图1-19 "权限详情"界面

1.1.4 取消抖音的"私密账号"

如果运营者的抖音号是"非私密账号"，那么完成前面的两个操作即可在抖音盒子平台上带货了。如果运营者的抖音号是"私密账号"，还需要关闭"私密账号"功能，否则无法将抖音App中的内容同步到抖音盒子平台上。

专家提醒

当运营者将抖音号设置为私密状态时，只有经过运营者批准的用户才能关注自己，并看到自己发布的内容和进行互动，同时同步到其他软件的开关也会关闭。注意，运营者现有的粉丝不会受到此影响。

下面介绍关闭抖音"私密账号"功能的操作方法。

（1）打开抖音App，进入"我"界面，点击右上角的▤按钮，在右侧弹出的菜单中选择"设置"选项，如图1-20所示。

（2）进入"设置"界面，选择"隐私设置"选项，如图1-21所示。

（3）进入"隐私设置"界面，点击"私密账号"右侧的开关按钮，弹出"切换为公开账号？"对话框，点击"确认"按钮，如图1-22所示。

（4）执行操作后，即可关闭"私密账号"功能，如图1-23所示。

图1-20 选择"设置"选项

图1-21 选择"隐私设置"选项

图1-22 点击"确认"按钮

图1-23 关闭"私密账号"功能

1.1.5 通过抖音小店入驻抖音盒子

对于零粉丝的运营者来说，如果想要入驻抖音盒子，目前就只能通过开通抖音小店来实现了，这种方法比较适合商家。

目前，抖音盒子平台上的所有产品都来自抖音小店（简称抖店或小店），运营者在抖音小店中上传的产品，会自动同步到抖音盒子平台。也就是说，运营者只需入驻抖音小店，通过抖音小店来发布产品，然后绑定官方账号并开通商品橱窗，最后使用绑定抖音小店的官方账号的手机号码登录抖音盒子，这样抖音小店中的商品就会自动同步到抖音盒子平台了。下面介绍入驻抖音小店的具体操作方法。

（1）进入抖店官网的"首页"页面，在"入驻材料与费用"选项卡中，设置相应的"开店主体"和"店铺类型"选项，单击"查询"按钮，如图1-24所示。

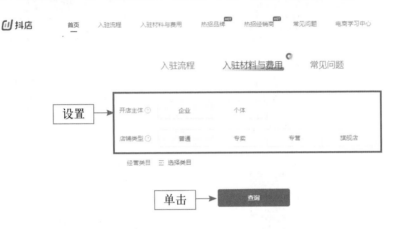

图1-24　单击"查询"按钮

专家提醒

　　在抖店平台中，开店主体和店铺类型不同，入驻账号的具体材料和费用也不尽相同。运营者可以根据自己要入驻的账号类型选择开店主体和店铺类型，看看某个账号类型需要准备的入驻材料和费用；也可以同时查看几种自己可以入驻的账号类型分别需要准备的入驻材料和费用，从中选择一个或几个合适的账号类型进行材料和费用的准备。

（2）弹出"入驻所需材料、费用"页面，查看具体账号类型所需的入驻材料，如图1-25所示。

（3）如果运营者要查看具体的入驻材料，还可以单击页面中的"展示更多"按钮。图1-26所示为企业普通类抖音小店账号入驻所需的具体材料。

（4）准备好入驻资料后，即可根据"入驻流程"选项卡中的操作提示，完成入驻操作，如图1-27所示。

入驻所需材料、费用

开店主体 ⑦ ⦿ 企业 　个体

店铺类型 ⑦ ⦿ 普通 　专卖 　专营 　旗舰店

经营类目 ☰ 查询类目

所需材料

基础资质

资质列表	详细描述
营业执照 查看示例	1. 需提供三证合一的营业执照原件扫描件或加盖公司公章的营业执照复印件 显示更多
账户验证	1. 账户信息提交 　1）须提供银行账户的名称、开户行和账号 显示更多
身份验证	1. 根据身份归属地，提供相应的经营者身份证件 　1）中国大陆：须提供二代身份证的正反面照片 显示更多

图 1-25　"入驻所需材料、费用"页面

资质列表	详细描述
营业执照 查看示例	1. 需提供三证合一的营业执照原件扫描件或加盖公司公章的营业执照复印件 2. 确保卖家在企业经营异常名录中且所售商品在营业执照经营范围内 3. 距离有效期截止时间应大于3个月 4. 须露出证件四角，请勿遮挡或模糊，保持信息清晰可见 5. 新办理的营业执照，因国家市场监督管理总局信息更新有延迟，建议办理成功后至少等待14个工作日后再入驻 6. 若营业执照的公司名称为虚假或空白等，不支持入驻，须先前往工商局添加公司名称 7. 图片尺寸为800*800px以上，支持PNG、JPG和JPEG格式，大小不超过5MB
账户验证	1. 账户信息提交 　1）须提供银行账户的名称、开户行和账号 　2）企业须提供开户主体与营业执照主体一致的对公账户 2. 账户信息验证 　1）支持实名认证和打款验证两种，法人为大陆身份证的企业可自由选择，非大陆身份证仅支持打款验证 　2）实名验证：填写法人个人名下银行卡号，输入银行预留手机号，填写验证码即可验证 　3）打款验证：填写企业对公银行卡号、开户银行、开户支行所在地及名称，输入平台向账户的打款金额即可验证
身份验证	1. 根据身份归属地，提供相应的经营者身份证件 　1）须提供二代身份证的正反面照片 　2）　 　3）海外：须提供护照主页照片 2. 提供有效期限范围内的证件，且证件须露出四角，请勿遮挡或模糊，保持信息清晰可见 3. 图片尺寸为800*800px以上，支持PNG、JPG和JPEG格式，大小不超过5MB

图 1-26　企业普通类抖音小店账号入驻所需的具体材料

入驻流程 　　入驻材料与费用　　常见问题

第一步，填写资质信息
约30分钟
需要店铺的营业执照、法人经营者身份证、店铺LOGO等

第二步，平台审核
约1～3工作日
平台进行资质审核

第三步，账户验证
约1～3个工作日
对外银行卡号+银行预留手机号或对公账户进行验证

第四步，缴纳保证金
约10分钟
经营承保费用打对交易保障全额资部或缴纳
不缴纳，就成店铺可成功开店正常营业

图 1-27　抖音小店的入驻流程

专家提醒

　　个体工商户商家可选择普通店铺，企业商家可选择专营店、专卖店、旗舰店。若企业商家没有注册商标，则选择普通店铺。

　　另外，除了通过电脑端入驻抖音小店之外，运营者还可以通过移动端入驻，下面介绍具体的操作方法。

　　（1）在抖音 App 中进入"商品橱窗"界面，在"常用服务"选项区中点击"开通小店"按钮，如图 1-28 所示。

　　（2）执行操作后，进入"首页"界面，点击右下角的"立即入驻"按钮，如图 1-29 所示。

图 1-28　点击"开通小店"按钮

图 1-29　点击"立即入驻"按钮

　　（3）进入"小店简介"界面，在此可以查看抖音小店的相关优势，包括"巨大流量池""高效变现通路""丰富货品结构""便携提效工具"等，选中"我已经阅读并同意上述授权及《账号绑定服务协议》"复选框，点击"立即开通"按钮，如图 1-30 所示。

　　（4）进入"选择认证类型"界面，目前移动端仅支持个体工商户入驻，选择"个体工商户"选项，如图 1-31 所示。企业或公司类型的运营者可以点击"复制"按钮，复制电脑端入驻入口的网页链接，前往电脑上进行入驻操作。

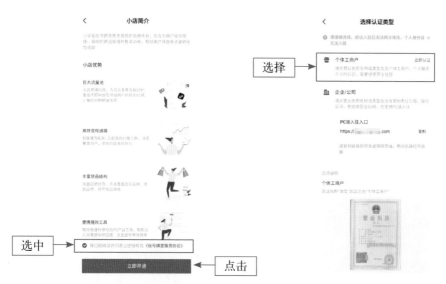

图 1-30　点击"立即开通"按钮　　　图 1-31　选择"个体工商户"选项

（5）进入"主体信息"界面，运营者可以根据相应流程填写相关资料，如图 1-32 所示。完成主体信息和店铺信息的填写，并通过平台审核以及账户验证之后，即可完成抖音小店的入驻。

（6）有疑问的运营者还可以点击"入驻攻略"按钮进入其界面，在此可以查看入驻所需材料、入驻流程操作和常见问题，如图 1-33 所示。

图 1-32　"主体信息"界面　　　图 1-33　"入驻攻略"界面

专家提醒

　　需要注意的是，开通抖音小店后，运营者还需要缴纳 500 元的作者保证金，否则抖音小店中的商品无法一键同步至商品橱窗。运营者可以前往"商品橱窗"界面，在"常用服务"选项区中点击"作者保证金"按钮，如图 1-34 所示。执行操作后，进入"作者保证金"界面，点击"立即充值"按钮即可进行充值，如图 1-35 所示。

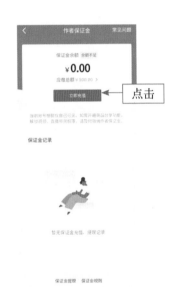

图 1-34　点击"作者保证金"按钮　　　　　**图 1-35　点击"立即充值"按钮**

1.2　认识盒子：了解抖音盒子的基本界面

　　抖音盒子 App 的产品功能设计与抖音的类似，打开 App 即可直接进入"首页"中的"推荐"界面，显示视频和直播信息流，同时下方设置了"首页""订阅""购物车""我的"共 4 个一级入口。

　　"首页"是抖音盒子 App 中产品优先级最靠前的界面，其中包括"推荐""逛街""搜索潮流好物""拍摄视频分享""消息"这 5 大功能。本节将介绍抖音盒子的基本界面，帮助读者快速认识抖音盒子。

1.2.1　"推荐"界面

　　打开抖音盒子 App 后，出现的第一个界面便是"推荐"界面，该界面通过随机投放短视频和直播的方式为消费者打造一个沉浸式的购物场景，如图 1-36 所示。

图 1-36 "推荐"界面

目前，抖音盒子的视频中没有置入"小黄车"功能，用户即使看中了视频中的商品，也无法直接购买，只能给视频点赞、写评论或分享，如图 1-37 所示。另外，即使进入运营者的个人主页，也找不到对应的店铺入口，这样会在无形之中降低转化率，因此抖音盒子还有很大的优化空间。

当然，对于直播信息流来说，用户可以直接点击屏幕进入直播间，在这里可以看到"小黄车"功能，此时用户可以购买主播带货的商品，如图 1-38 所示。

图 1-37 写评论　　　　　图 1-38 直播间的"小黄车"功能

当然，抖音盒子之所以没有在短视频中添加"小黄车"功能，很有可能是希望运营者一心一意地做好短视频内容，提升种草内容的质量。

抖音盒子的用户定位非常清晰，而且还囊括了推荐电商、直播带货和视频种草等营销形式。与淘宝、京东等传统电商平台相比，抖音的用户结构更加年轻化，而且用户重合度也非常低，这种基于"潮流"定位的独立电商模式有利于快速打造新的爆款品牌和单品。

专家提醒

抖音电商联合巨量引擎大众消费业务中心、算数电商研究院共同发布的《2022抖音电商新品牌成长报告》显示，2020年3月至2021年11月，已有23%的抖音电商消费者购买过新品牌商品，且这一比例仍在不断提升。

1.2.2 "逛街"界面

在抖音盒子的"首页"界面中，另一个重要的板块便是"逛街"界面，其中有"硬核补贴""时尚潮服""美妆爆品""二手高奢"4个类目，如图1-39所示。点击相应的类目名称即可进入类目详情界面，展示更多的相关产品，如图1-40所示。

图1-39 "逛街"界面

图1-40 相应类目详情界面

从抖音电商的过往数据来看，服装、美妆、二手奢侈品都是抖音电商的优势类目。其中，服装是抖音电商最大的品类，2021年11月大促期间，其增长超4倍，而且头部店铺中一半以上为女装品牌店铺。

目前，入驻抖音盒子的商家大部分为品牌旗舰店铺，在"逛街"界面中点击相应的商品，即可进入商品详情页，用户可以在此添加购物车或直接下单购买，如图 1-41 所示。点击"立即购买"按钮，选择相应的 SUK（Stock Keeping Unit，库存量单位）后进入"确认订单"界面，即可下单支付，如图 1-42 所示。

图 1-41　商品详情页　　　　　　图 1-42　"确认订单"界面

在商品详情页点击"店铺"按钮进入其界面，其中包括"精选""商品""分类"3 个标签，分别用来展示品牌、商品和商品类目，如图 1-43 所示。

图 1-43　"店铺"界面

在店铺主页中有"视频"和"店铺"两个入口，切换至"视频"界面，显示的都是抖音同步过来的短视频展示合集，点击即可查看相应视频，如图 1-44 所示。

图 1-44　"视频"界面和相应视频内容

另外，"逛街"界面中还有大量的图文型内容，采用与小红书类似的展示形式，以四格图文为一屏幕，如图 1-45 所示。点击相应的封面图片或标题，同样可以跳转到该商品详情页，如图 1-46 所示。

图 1-45　图文型内容

图 1-46　图文内容详情页

以往抖音上的搞笑段子、情感故事、影视剪辑等类型的视频内容，在抖音盒子上已经很难看到了。抖音盒子以主打潮流风格调性的种草内容为主，是一个非常适合年轻人的潮流种草平台。

抖音之所以推出抖音盒子这个独立电商App，主要是为了照顾那些正常刷短视频用户的体验感受，从而避免在抖音这个内容平台上加入大量的商业性质的内容。同时，抖音盒子上聚集了大量的明星、博主和时尚达人，不仅为用户提供个性化的时尚穿搭内容，同时还给用户带来轻松愉悦的一站式购物体验。

1.2.3 "订阅"界面

抖音盒子的定位非常明确，是一个针对年轻人的潮流平台，不仅提供了商品，而且还围绕商品生产了大量的视频种草内容，同时增强了社交属性，弱化了交易属性。

用户在抖音盒子上看到喜欢的运营者后，可以点击店铺主页右上角的"订阅"按钮，如图1-47所示。执行操作后，则该运营者发布的作品就会出现在"订阅"界面中，如图1-48所示。

图1-47　点击"订阅"按钮

图1-48　"订阅"界面

不过，"订阅"界面中的社交互动功能比较简单，目前只有点赞（点击"喜欢"按钮）、写评论和分享。点击"分享"按钮后，可以在弹出的"分享至"对话框中下载和分享视频，如图1-49所示。

从抖音盒子的社交属性和交易属性可以看到，抖音盒子不同于纯粹的娱乐型短视频 App 或者购物 App，它是通过将转化路径延长，来获得一批拥有优质原创内容和创作积极性高的时尚达人，作为平台的首批忠实用户。

专家提醒

　　点击"订阅"界面右上角的"消息"按钮☺进入其界面，在此可以查看粉丝信息、互动消息、商家消息和抖音盒子的官方消息，如图 1-50 所示。

图 1-49　分享功能操作

图 1-50　"消息"界面

　　抖音盒子除了将 GMV 作为一个重要的数据指标外，同样也非常注重用户活跃度和使用时长等衡量内容社区产品的数据。

　　当抖音盒子对时尚达人、KOL（Key Opinion Leader，关键意见领袖）和高消费人群形成足够大的影响力后，其用户圈层会进一步放大，进而获得更多"高线城市"的年轻用户群体。

1.2.4　"购物车"界面

　　抖音盒子的交易功能全部都挪到了直播间和货架电商界面，这样做的目的是让用户心智集中在与商品有关的视频内容上。

　　抖音盒子目前主要包括以下 3 个下单转化渠道。

　　（1）"推荐"界面：在包含各种种草内容的短视频信息流中，穿插带货直播间，用户在刷视频时可以直接进入喜欢的直播间下单。

（2）"订阅"界面：关注相应博主后，直接在"订阅"界面进入店铺。

（3）"逛街"界面：在浏览商品的同时将其添加购物车或直接下单。

另外，在抖音盒子中还可以通过"购物车"界面下单，前提是用户先要加购某商品。用户在浏览商品时，看到感兴趣的商品后，可点击"加入购物车"按钮，如图 1-51 所示。当用户选好商品后，进入"购物车"界面，选中相应商品前的复选框，点击"结算"按钮即可下单，如图 1-52 所示。

图 1-51　点击"加入购物车"按钮

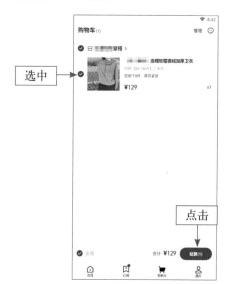

图 1-52　"购物车"界面

专家提醒

抖音盒子的购物车功能与其他电商 App 大同小异，不仅可以存储用户精挑细选的商品，而且还可以非常方便地将多个商品组合起来做促销，甚至还能够帮助抖音盒子平台节省物流成本。

1.2.5　"我的"界面

在抖音盒子 App 中，推荐入口的重要性大于搜索入口，而且所有短视频、图文和直播内容都是围绕"卖货"产生的，同时在"我的"界面中集成了全部的电商基础功能，如图 1-53 所示。

不过，抖音盒子与抖音这两个 App 的部分个人数据并没有完全打通，如粉丝、点赞和评论等是区隔开的，但运营者的购物数据、视频内容和直播间是相通的。图 1-54 所示为相同个人账号下的抖音主页，可以看到粉丝数据明显不同。

图1-53　"我的"界面

图1-54　抖音个人主页

在"我的"界面，点击"我的喜欢"按钮进入其界面，即可看到用户平时点赞的商品或短视频，如图1-55所示。点击"券／红包"按钮进入相应界面，可以查看未使用、已使用和已过期的优惠券或红包，如图1-56所示。

图1-55　"我的喜欢"界面

图1-56　查看优惠券或红包

从抖音盒子App的各界面功能来看，其目的主要是拓展抖音电商业务，但并没有完全照搬抖音中的电商业务，而是通过引入其他"字节系"App的强大流量，打造一个与淘宝、京东和拼多多类似的综合性电商平台。

1.3　功能设置：掌握抖音盒子的基本功能

抖音盒子就像是一个以"带货"为主要内容的抖音，不仅具有看视频和看直播的功能，而且还会给用户推荐合适的产品，同时用户还能够自主生产 UGC（User Generated Content，用户原创内容）。

不过，从抖音盒子 App 目前的功能来看，它在冲击淘宝等传统电商平台之前，将目标首先瞄准了小红书等种草社区，通过视频化的种草内容提高产品和用户的活跃度，并通过多品类的运营进一步丰富了用户画像。

本节将介绍抖音盒子 App 的基本功能，包括电商功能和内容创作功能等，下面看看抖音盒子究竟如何开启全新的电商购物之路。

1.3.1　订单功能

订单功能是所有电商类 App 的标配，在抖音盒子 App 的"我的"界面中可以看到"我的订单"板块，点击"查看全部"按钮，进入"全部订单"界面，在此可以查看待支付、待发货、待收货和待评价订单，如图 1-57 所示。

另外，点击"全部订单"右侧的 ▼ 按钮，在弹出的菜单中还可以筛选查看商品购物、增值服务、生活服务、休闲娱乐等订单类型，如图 1-58 所示。

图 1-57　"全部订单"界面　　　　图 1-58　订单筛选

订单功能可以帮助时尚达人、带货主播或商家等类型的运营者随时掌握消费者的动态，并在他们下订单时提示运营者，这样就不会错过订单。

1.3.2　创作者中心

抖音盒子的创作者中心功能比较简单，主要包括新增粉丝、互动数、主页访客、视频播放等数据分析功能，以及带货联盟和规则中心两个板块，如图1-59所示。在"近7日数据"板块中，采用的是非实时数据，数据可能有延迟。其中，新增粉丝数据为新订阅的人数减去取消订阅的人数；互动数为喜欢、评论和分享的总数。

点击"规则中心"按钮进入其界面，其中列出了很多内容创作和带货商品的相关规范，运营者可以有针对性地学习查看，了解自己要带货的商品和内容的注意事项，以免产生违规行为，如图1-60所示。

图1-59　创作者中心

图1-60　"规则中心"界面

1.3.3　客服功能

电商类App少不了客服功能，很多时候，商家因为售前客服没有及时回复买家的咨询而错过了销售机会，又或者因为售后客服没有及时处理买家的问题而产生了差评或投诉。

当然，抖音盒子的客服功能主要是针对平台用户设定的，在"客服中心"界面，用户不仅可以查询相关的内容或问题，还可以在线咨询或提供意见反馈，如图1-61所示。同时，"客服中心"界面还会发布一些当下的官方活动，点击相应的图片链接即可进入报名界面。图1-62所示为"抖音盒子体验官招募"活动的报名界面。

图1-61 "客服中心"界面

图1-62 "抖音盒子体验官招募"
活动的报名界面

在"客服中心"界面点击搜索框进入其界面，用户可以在搜索框中输入要查询的问题，也可以点击"热门搜索"中的问题，如图1-63所示。执行操作后，即可查看相关问题的解决方法，如图1-64所示。如果问题仍然没有得到解决，用户还可以点击"在线咨询"超链接，向在线客服咨询，如图1-65所示。

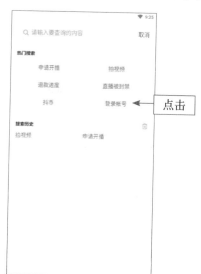

图1-63 点击相应的问题

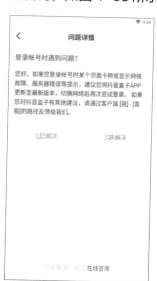

图1-64 查看相关问题的解决方法

另外，在"问题分类"板块中选择相应的问题类型进入"问题列表"界面，其中列出了一些常见的问题类型，如图 1-66 所示。用户可以选择相应的问题进行查看，如图 1-67 所示。

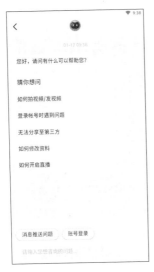

图 1-65　咨询在线客服

图 1-66　"问题列表"界面

在"客服中心"界面点击"意见反馈"按钮进入其界面，用户可以对产品建议、功能故障或其他问题进行反馈，同时可以留下自己的手机号（非必填），以便于与客服联系，如图 1-68 所示。

图 1-67　查看问题详情

图 1-68　"意见反馈"界面

1.3.4 收货地址

收货地址功能主要是针对在抖音盒子平台上购物的消费者设置的，在"我的"界面点击"收货地址"按钮后即可进入"地址列表"界面，其中显示了目前用户设置的所有收货地址，如图 1-69 所示。

对于新用户来说，可以点击下方的"新建地址"按钮，进入"新建收货地址"界面添加新的地址，包括收货人、手机号码、地区、详细地址和地址标签等，如图 1-70 所示。填写正确的收货地址，有助于商家及时将消费者购买的商品送到目的地，从而提升购物体验。

图 1-69 "地址列表"界面

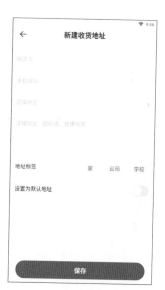

图 1-70 "新建收货地址"界面

专家提醒

用户编辑好收货地址后，可以开启"设置为默认地址"功能，将该地址设置为默认的收货地址。

1.3.5 设置功能

抖音盒子的"设置"界面主要包括"账号""通用"和"关于"3 个板块，如图 1-71 所示。在"账号"板块中，用户可以选择"抖音号"选项快速复制抖音号，也可以选择"账号与安全"选项进入其界面，进行手机绑定、登录设备管理、账号注销或信息管理等设置，如图 1-72 所示。

图 1-71 "设置"界面

图 1-72 "账号与安全"界面

在"通用"板块中，只有一个"功能设置"选项，进入其界面后，选择"管理个性化内容推荐"选项，可以开启"个性化内容推荐"功能，这样系统会向用户推荐他可能感兴趣的视频、商品或相关信息，如图 1-73 所示。

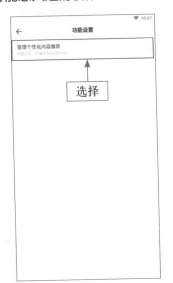

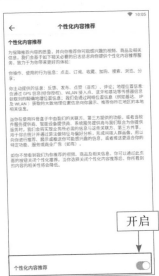

图 1-73 开启"个性化内容推荐"功能

在"关于"板块中，主要包括意见反馈、用户协议、社区自律公约、隐私政策、第三方 SDK（Software Development Kit，软件开发工具包）列表、应用权限、关于抖音盒子和平台资质等设置功能，用户可以查看相关的平台规则或资料。

1.3.6 佣金提现

当运营者通过抖音盒子平台卖出商品后，即可获得相应的佣金收入。在创作者中心主界面中点击"佣金统计"按钮进入其界面，在此可以查看该账号当前的可提现金额、推广明细和推广数据，如图 1-74 所示。

点击"提现"按钮进入"收入提现"界面，运营者可以通过正式账户或快速账户两种方式进行提现操作，如图 1-75 所示。

图 1-74 "佣金统计"界面

图 1-75 "收入提现"界面

专家提醒

运营者在提现的过程中，需要依法办理市场主体登记或税务登记，并依法履行纳税义务。

第 2 章

精准定位：形成独特人设标签

学前
提示

　　当运营者准备进入抖音盒子平台，开始注册
账号之前，首先要对自己的账号和将要制作的内
容进行定位，并根据这个定位来策划和拍摄短视
频内容，这样才能快速地形成独特、鲜明的人设
标签。

2.1 账号定位：打上标签让更多人喜欢你

账号定位是指运营者要做一个什么类型的抖音盒子账号，然后通过这个账号获得什么样的消费人群，同时这个账号能为粉丝提供哪些价值。对于抖音盒子账号来说，需要运营者从多方面去考虑账号定位，不能只单纯考虑自己，或者只打广告和卖货，而忽略了给用户带来的价值，这样很难运营好账号，难以得到粉丝的支持。

抖音盒子账号定位的核心规则为：一个账号只专注一个垂直细分领域，只定位一类消费人群，只分享一个类型的内容。本节将介绍抖音盒子账号定位的相关方法和技巧，帮助大家做好账号定位。

2.1.1 做账号定位的作用

定位（Positioning）理论的创始人杰克·特劳特（Jack Trout）曾说过："所谓定位，就是令你的企业和产品与众不同，形成核心竞争力；对受众而言，即鲜明地建立品牌。"

其实，简单来说，定位包括以下 3 个关键问题。

（1）你是谁？

（2）你要做什么事情？

（3）你和别人有什么区别？

对于抖音盒子的账号定位来说，则需要在此基础上对问题进行一些扩展，具体如图 2-1 所示。

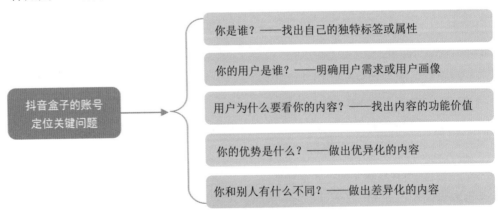

图 2-1 抖音盒子的账号定位关键问题

2020 年抖音电商的 GMV 超 5000 亿元，而 2021 年抖音电商业务的全年 GMV 目标是 1 万亿元。这些数据的背后，是抖音超过 6 亿的日活跃用户数，再加上庞大的内容生态和基于兴趣的推荐逻辑。

抖音平台上不仅有数亿用户，而且每天更新的视频数量也在百万以上，那么如何让自己发布的内容被大家看到和喜欢呢？关键在于做好账号定位。账号定位的作用在于，直接决定了账号的涨粉速度和变现难度，同时也决定了账号的内容布局和引流效果。

2.1.2　将账号定位放到第一位

运营者在准备入驻抖音盒子时，必须将账号定位放到第一位，只有把账号定位做好了，之后的电商运营道路才会走得更加顺畅。图 2-2 所示为将账号定位放到第一位的 5 个理由。

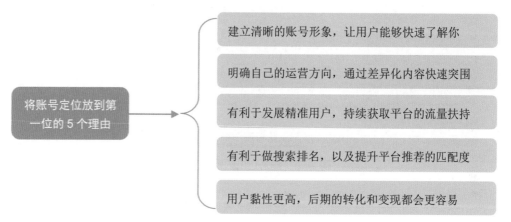

图 2-2　将账号定位放到第一位的 5 个理由

2.1.3　给自己的账号打上标签

标签指的是抖音盒子平台给运营者的账号进行分类的指标依据，平台会根据运营者发布的内容，来给其账号打上对应的标签，然后将内容推荐给对这类标签作品感兴趣的消费者。在这种个性化的流量机制下，不仅提升了运营者的创作积极性，而且也增强了用户体验。

例如，某平台上有 100 个用户，其中有 50 个人都对穿搭感兴趣，而另外 50 个人不喜欢穿搭类内容。此时，如果你的账号刚好是做穿搭种草内容的，但却没有做好账号定位，平台没有给你的账号打上"穿搭"这个标签，那么系统会将你的内容随机推荐给平台上的所有人。这种情况下，你的内容被用户点赞和关注的概率就只有 50%，而且由于点赞率过低还会被系统认为内容不够优质，而不再给你推荐流量。

相反，如果你的账号被平台打上了"穿搭"的标签，此时系统不再随机推荐流量，而是精准地推荐给喜欢看穿搭内容的那 50 个人。这样，你的内容获得的点赞和关注数据就会非常高，从而获得更多的推荐流量，让更多人看到你的作品，并喜欢上你的内容。因此，对于抖音盒子的运营者来说，账号定位非常重要，下面笔者总结了一些账号定位的相关技巧，如图 2-3 所示。

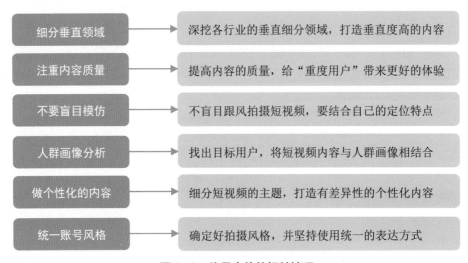

图 2-3　账号定位的相关技巧

只有做好抖音盒子的账号定位，运营者才能在用户心目中形成某种特定的印象。例如，提到"一禅小和尚"，大家都知道这是一个上演着有趣、有温情的故事类账号；而提到"一条小团团 OvO"，喜欢看游戏直播的人就肯定不陌生了。

2.1.4　账号定位的基本流程

很多人做抖音盒子其实只是一股子热情，看着大家都去做，也跟着去做，根本没有考虑过自己做这个平台到底是为了引流涨粉，还是卖货变现。以引流涨粉为例，蹭热点是非常快的涨粉方式，但这样的账号变现能力就会降低。

因此，运营者需要先想清楚自己做抖音盒子的目的是什么，如引流涨粉、推广品牌、打造 IP（Intellectual Property，知识产权）、带货变现等。当运营者明确了账号定位的目的后，便可开始做账号定位，基本流程如图 2-4 所示。

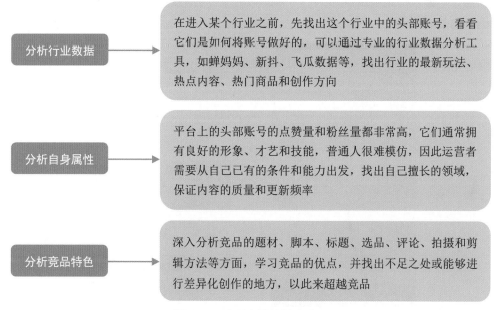

图 2-4 账号定位的基本流程

2.1.5 账号定位的基本方法

抖音盒子的账号定位就是为账号运营确定一个方向，为内容创作指明方向。那么，运营者到底该如何进行账号定位呢？笔者认为大家可以从以下 4 个方面做账号定位：根据自身的专长做定位、根据用户的需求做定位、根据内容的稀缺度做定位、根据品牌的特色做定位。

1. 根据自身的专长做定位

对于拥有自身专长的运营者来说，根据自身的专长做定位是一种最直接和有效的定位方法。运营者只需对自己或团队成员进行分析，然后选择某个或某几个专长进行账号定位即可。

自身专长包含的范围很广，除了唱歌、跳舞等才艺之外，还包括其他诸多方面，就连游戏玩得出色也是自身的一种专长。

2. 根据用户的需求做定位

通常来说，用户需求的内容会更容易受到欢迎。因此，结合用户的需求和自身专长进行定位也是一种不错的定位方法。

例如，大多数女性都有化妆的习惯，但又觉得自己的化妆水平不太高。因此，这些女性通常会对美妆类的内容比较关注。在这种情况下，运营者如果对化妆比较擅长，那么将账号定位为美妆号就比较合适了。图 2-5 所示为定位为"美甲"的抖音盒子账号。

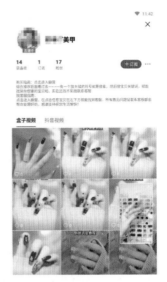

图 2-5　定位为"美甲"的抖音盒子账号

3．根据内容的稀缺度做定位

运营者可以从抖音盒子平台中相对稀缺的内容或产品出发，进行账号定位。除了平台上本来就稀缺之外，运营者还可以通过自身的内容展示形式，使自己的内容甚至是账号具有一定的稀缺性。

4．根据品牌的特色做定位

许多企业和品牌在长期的发展过程中已经形成了自身的特色，此时如果根据这些特色进行定位，通常比较容易获得用户的认同。

根据品牌特色做定位又可以细分为两种方法：一是以能够代表企业的物象做账号定位；二是以企业或品牌的业务范围做账号定位。

2.1.6　抖音盒子账号的 5 维定位法

不是每个人都是"大 V"，但不想成为"大 V"的运营者不是一个好的运营者。定位的意义和重要性我们已经了解，而且由于抖音盒子平台对内容质量要求比较高，所以运营者在这些方面要下苦功。下面介绍抖音盒子账号的 5 维定位法，帮助大家找到账号运营的正确方向。

1. 行业定位

前面介绍了抖音盒子账号定位的核心秘诀，即"一个账号只专注一个行业（方向定位）"，不能今天发饰品、明天发美妆，后天发衣服。运营者在布局抖音盒子的账号时，应重点布局 3 类账号：行业号（奠定行业地位）、专家号（奠定专家地位）、企业号（奠定企业地位）。

做好账号行业定位之后，接着就是通过领域细分，做深度内容了。例如，服装行业包含的领域比较多，如各种服装和鞋子产品，这时候运营者就可以通过领域细分从某方面进行重点突破。如图 2-6 所示，该运营者将账号定位为"推荐篮球、跑步、健身的小博主"，分享的都是运动类型的鞋类产品。

图 2-6　细分行业定位示例

2. 内容定位

目前，抖音盒子的主要内容载体包括图文、直播和短视频，其中用户付费意愿最高的是直播内容，而图文类内容的比重也在不断扩大。

不管借用哪种内容载体，都必须围绕产品本身的市场定位、卖点，针对产品主要能解决消费者的什么需求与痛点，运营者可以结合账号的内容定位将所有载体元素组合起来，逐步解除消费者的疑虑，增加他们的付费意愿。

在运营抖音盒子时，如果你自己能够生产出足够优质的内容，也可以快速吸引到用户的目光。运营者可以通过为用户持续性地生产高价值的内容，在用户心中建立权威，从而加强他们对于你的账号的信任和忠诚度。运营者生产内容时，可以运用以下技巧，轻松打造出持续性的优质内容，如图 2-7 所示。

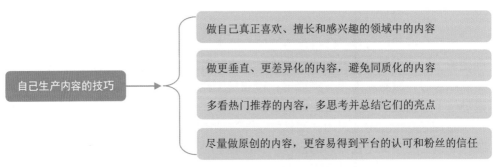

图 2-7 自己生产内容的技巧

3. 产品定位

大部分运营者之所以要做抖音盒子，就是希望能够借此实现卖货变现，获得一定的收益。而产品销售又是抖音盒子平台的主要变现方式，因此选择合适的变现产品，即进行产品的定位就显得尤为重要了。

对于广大运营者而言，要将自己的产品打造成爆款，首先要做的事情是选择自己要带货的产品。找准自己要打造的产品，这样才能以最正确的方式开启自己的爆款产品变现之路。

运营者在选择自己的爆款产品之前，首先要明白爆款产品必须承载的几个特质。只有明白了这几个特质，运营者才能找到最适合自己的产品，也才能成功地将其打造成爆款产品。

1）产品的竞争力强大

我们在选择哪种产品可以打造成爆款的时候，需要选择那些在市场上、在同一领域里具有强竞争力的产品。所谓的强竞争力，就是指放眼同类市场中，只有少部分甚至没有可以与之抗衡的产品存在。这类产品的强竞争力，可以在受众人群、创意、作用、功能以及功效对比等各个方面突出。

图 2-8 所示是一个刮刮画产品的种草视频，运营者通过展现产品的创意用途突出了自家产品的优势。

2）产品的利润非常可观

有可观的利润是指，运营者在选择要打造的爆款产品的时候，必须确定产品是能够为自己带来一定利润的。这样才能够在产品进入市场以后，有很多消费者愿意为产品付费买单，同时也才能够保证产品成为爆款之后，不会使运营者亏损，让他失去继续运营的动力。

同时，产品有可观的利润，才能确保运营者或者相关企业有足够的周转资金，继续进行产品的开发、改进和推广，推动产品持续曝光，成为爆款产品。

图 2-8 通过产品的创意用途突出竞争力优势

3）产品符合流行趋势

抖音盒子上的产品需要符合流行趋势，因为在平台定位的大背景下，这样才能够更加符合人们的需求，也更加容易成为爆款。

从抖音盒子目前的核心产品品类和用户群体来看，时尚类产品是第一大品类，美妆类产品是第二大品类，如图 2-9 所示，其他品类的内容和产品少之又少。同时，这两大品类也是抖音电商的优势类目，通过抖音盒子将时尚潮流元素放大，落在产品定位上，就意味着最新的潮流产品最容易成为爆款。

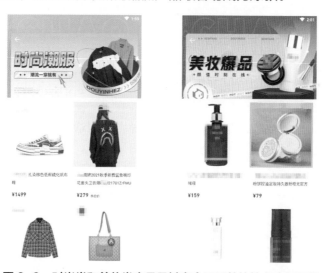

图 2-9 时尚类和美妆类产品是抖音盒子目前的核心产品品类

4）产品满足消费者需求

消费者需求，决定了一款产品的销售量。消费者需求越强烈，产品的销售量才会越高。因此，运营者首先要清楚自己的目标客户渴望的是什么，这样才能够找到满足消费者渴望的产品。

4. 用户定位

运营者在打造自己账号定位之前，还需找到自己的目标客户群，也就是找到自己的精准消费者，因此用户定位是必不可少的一步。为相应产品带货之前，运营者要清楚地了解自己的消费者是谁。不仅如此，运营者最好还能生动形象地描述出消费者的各种特性以及其喜欢的生活状态。

那么，应该如何找准目标用户呢？方法有两种：一种是根据年龄分段；另一种是按照兴趣爱好划分。下面依次给大家进行介绍。

1）根据年龄分段

抖音电商属于一种新的商业模式，也需要进行营销，而营销与人密不可分，研究营销之前一定要先了解人。因此，账号定位也少不了对消费者心理的掌控。根据用户年龄来分段的要点，如图 2-10 所示。

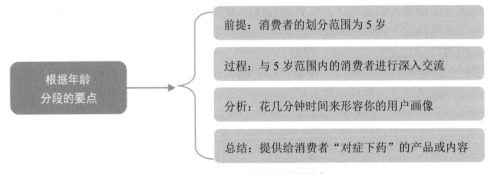

图 2-10　根据年龄分段的要点

在做抖音盒子的账号定位时，同其他商业模式一样，也需要为不同类型的消费者提供相对应的产品或内容。如果不这么做，就很难找准用户。因此，要学会根据年龄分段进行用户定位，而不是盲目地打造账号。

例如，年轻女装产品针对的人群肯定是女性用户，以 20 ～ 25 岁年龄层的年轻女性上班族为主要用户对象，如果你拿去卖给中年妇女，她们很难对你的产品产生兴趣。

2）按照兴趣爱好划分

除了年龄外，还可以根据兴趣爱好划分消费者群体。俗话说"物以类聚，人以群分"，按照兴趣爱好划分消费人群可以有效地打破年龄的限制，让不同年龄的人对同一种产品产生兴趣。

相同类型的人的喜爱，是建立在共同的兴趣爱好之上的，这与年龄阶段的关系不大。而我们需要明确的是，打造成功的账号定位就需要抓住消费者的特点，从而找准目标用户。

无论选择哪个账号定位方向，都应该对消费者进行目标锁定，可以按照年龄阶段划分，也可以根据兴趣爱好划分，总之要找准目标用户。这样我们就可以顺利地找到他们的消费需求，从而更好地进行营销。

学会在抖音盒子平台后台或者数据服务平台上查看数据并分析用户行为，对运营者的账号定位来说，不仅能够提供很好的方向，还能够获得精准的用户画像。

对于个人 IP 定位来说，运营者首先要做的是了解平台针对的是哪类人群，他们具有什么特性等问题。关于用户的特性，一般可细分为属性特性和行为特性两大类，具体分析如图 2-11 所示。

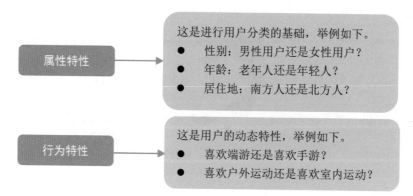

图 2-11　平台用户特性分类分析

在了解了用户特性的基础上，接下来要做的是怎样进行用户定位。用户定位一般包括以下 3 个步骤。

（1）数据收集。运营者可以通过一些抖音电商平台后台提供的数据分析功能来分析用户属性和行为特征，包括年龄段、性别、收入和地域等，从而大致了解自己的用户群体的基本属性特征，如图 2-12 所示。

（2）用户标签。在获得相关的用户基本数据后，根据这些数据分析用户的喜好，给每一个用户打上标签并进行分类，洞悉用户需求，如图 2-13 所示。

（3）用户画像。利用上述内容中的用户属性标签，从中抽取典型特征，完成用户的虚拟画像，构成平台用户的各类用户角色，以便进行用户细分。接下来运营者就可以在内容中合理植入更多的用户偏好的关键词，以便内容更多地被用户搜索和关注，从而促进个人账号的发展和壮大。

图 2-12　用户属性分析示例

图 2-13　用户标签示例

5. IP 定位

百度百科对于 IP 的解释为"权利人对其智力劳动所创作的成果和经营活动中的标记、信誉所依法享有的专有权利"。

如今，IP 常常用来指代那些有人气的东西，包括现实人物、书籍动漫、影视作品、虚拟人物、游戏、景点、综艺节目、艺术品、体育等，IP 可以用来指代一切火爆的元素。IP 的主要特点如图 2-14 所示。

在抖音盒子平台，个人 IP 是基于账号定位形成的，而超级 IP 不仅有明确的账号定位，而且还能够跨界发展。超级 IP 账号都有非常明显的个人标签，这些标签就是他们的 IP 特点，能够让他们的内容风格更加明确和统一，能够让他们的人物形象深深地印在粉丝的脑海中。

对于普通人来说，要变成超级 IP 并不难，关键是我们如何去做。笔者总结了一些打造 IP 的方法和技巧，如图 2-15 所示。

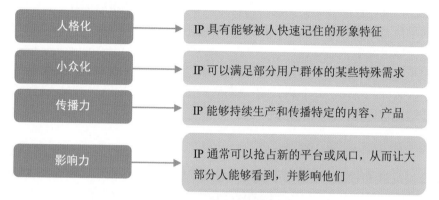

图 2-14　IP 的主要特点

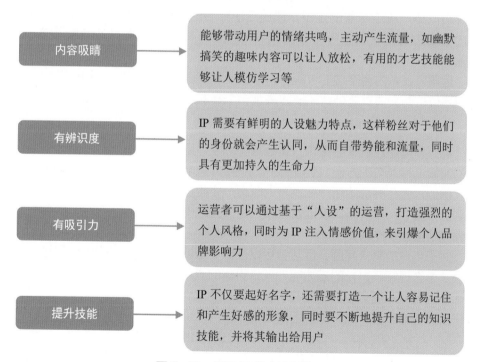

图 2-15　打造 IP 的方法和技巧

2.2　内容定位：找到优质内容并持续输出

做抖音盒子的运营，本质上还是做内容运营，那些能够快速涨粉和带货变现的运营者，都是靠优质内容来实现的。

通过内容吸引的粉丝和买家，都是对运营者分享的内容感兴趣的用户群体，人群更加精准、更加靠谱。因此，内容是运营抖音盒子的核心所在，同时也是账号获得平台流量的核心因素，如果平台不推荐，那么你的产品流量就会寥寥无几，可能做一年也卖不了几单。

对于抖音盒子来说，内容就是王道，而内容定位的关键就是用什么样的内容来吸引什么样的群体。本节将介绍抖音盒子的内容定位技巧，帮助运营者找到一个特定的内容形式，并卖出更多产品。

2.2.1　用内容去吸引精准用户

在抖音盒子平台，运营者不能简单地去模仿跟拍热门视频，而必须找到能够带来精准用户群体的内容，从而帮助自己卖出更多的货，这就是内容定位的要点。

运营者必须知道的是，自己的内容始终是围绕着带货卖货来设计的，内容不仅可以直接决定账号的定位，还决定了账号的目标人群和变现能力。因此，做内容定位时，不仅要考虑引流涨粉的问题，同时还要考虑持续卖货变现的问题。

运营者在做内容定位的过程中，除了要掌握选择垂直细分领域的产品、做好用户定位这两大要素之外，还要弄清楚一个要素——用户群体有哪些痛点？

1. 什么是用户痛点

痛点是指用户的核心需求，是运营者必须为用户解决的问题。用户在做某件事的时候觉得非常不方便，甚至感到非常难办，做起来很痛苦，这就是用户的痛点。

例如，住在高层的用户在擦玻璃时有一个明显的痛点，那就是外面的玻璃擦不到。如图 2-16 所示，该运营者就在视频内容中为用户推荐了一款能够解决这个痛点的擦窗机器人。

对于用户的需求问题，运营者可以去做一些调研，最好是采用场景化的描述方法。怎么理解场景化的描述呢？就是具体的应用场景。痛点其实就是人们日常生活中的各种不便。运营者要善于发现用户的痛点，并帮助用户解决这些问题，对于抖音电商来说，这些都是蓝海市场。

2. 挖掘痛点有什么作用

找到目标用户的痛点，对于运营者而言，主要有如图 2-17 所示的两方面好处。

图 2-16　根据消费者痛点策划视频内容的示例

创作出最受欢迎的内容	运营者如果找到了用户痛点，那么就可以根据他们的痛点，制作出解决其痛点的内容或选出相关产品，这样的内容或产品自然能够获得用户的喜爱，同时这样的内容或产品也是最具市场竞争力的
赢得用户，占领市场先机	当运营者抓到了用户痛点之后，那么制作出来的内容就会符合用户的最佳需求，从而无形中就抢占了相关产品的市场先机

图 2-17　找到目标用户痛点的好处

3. 如何挖掘消费者痛点

综上，确定为谁服务之后，我们要发掘用户的问题、痛点、需求在哪里。很多人说，我不知道用户的痛点、需求、问题，怎么办呢？很简单，有一个方法就是通过用户的评论或产品评价来发现用户痛点，如图 2-18 所示。

要想找到用户的痛点，还需要掌握一些方法，一般找到用户痛点的方法有两种，具体如图 2-19 所示。

对于抖音盒子运营者或者商家来说，如果想要打造爆款内容，就需要清楚自己的粉丝群体最想看的内容是什么，也就是抓住用户的痛点，然后就可以根据用户的痛点来生产内容。

图 2-18　用户评论（左图）和产品评价（右图）

```
找到用户痛点
的两种方法  ──→  有效反馈：运营者可以针对自己已有的消费群体，
              进行用户意见收集

              问卷调查：运营者可以通过专业的网站或 App 进行
              问卷调查，找到潜在用户的痛点
```

图 2-19　找到用户痛点的两种方法

2.2.2　站在用户的角度去思考

用户缺什么，他们就关注什么，而运营者只需要根据他们关注的那个点去制作内容，这样的内容就容易获得用户关注。例如，矮个子女生希望自己看上去更高，那么运营者就可以向她们推荐增高鞋，如图 2-20 所示。

只要运营者在内容上下工夫，根本不愁没有粉丝和销量。但如果运营者一味地在打广告上下工夫，则可能会被用户反感。

在一个短视频内容中，往往能戳中用户内心的点就那么几秒钟，也许这就是所谓的"一见钟情"吧。运营者要记住，在抖音盒子上涨粉只是一种动力，能够让自己更有信心地在这个平台上做下去，而真正能够给自己带来动力的是吸引到精准用户，让他们持续在自己的店铺中消费。

图 2-20　站在用户的角度去制作内容的示例

不知道大家发现没有，在抖音盒子上有一些内容，用户特别喜欢，那就是教学类、经验类、技巧类的内容。这种内容不仅实用，而且变现也特别容易。简单来说，就是通过分享经验和技巧来吸粉，最终达到销售产品变现的目的。如图 2-21 所示，该主播通过在直播间分享各种超酷女孩穿搭技巧，为店铺带来了销量。

图 2-21　通过分享穿搭技巧增加店铺销量的示例

不管运营者处于什么行业，只要能够站在用户的角度去思考，去进行内容定位，将自己的行业经验分享给用户，那么这种内容的价值就非常大了。很多人入驻抖音盒子的目的是卖货，其实只要把自己的经验分享出来就可以了，吸引到的粉丝都是关注这个行业的目标用户，下单意向比较强。

2.2.3 根据自己的特点输出内容

在抖音盒子平台上输出内容，是一件非常简单的事情，但是要想输出有价值的内容，进而获得用户的认可，就有难度了。特别是如今抖音上的内容生产者多如牛毛，抖音电商已经成为一种新风口，越来越多的人参与其中，那么到底如何才能找到合适的内容去输出呢？怎样提升内容的价值呢？下面介绍具体的方法。

1. 选择合适的内容输出形式

当运营者在行业中积累了一定的经验，有了足够优质的内容之后，就可以输出这些内容了。那么，以哪种形式输出内容呢？可以选择图文、短视频或直播等不同的内容形式去输出合适的内容。

如果你擅长写作，可以写产品文案，如图 2-22 所示；如果你的声音不错，可以通过音频去输出内容；如果你的镜头感比较好，则可以去拍一些短视频。选择合适的内容输出形式，可以在比较短的时间内成为这个领域中的佼佼者。

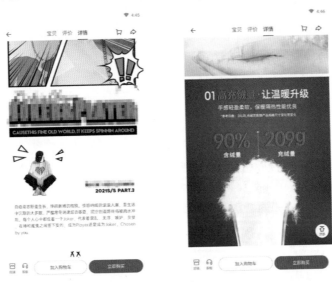

图 2-22　产品文案示例

2. 持续输出有价值的内容

在互联网时代，内容的输出方式非常多，如图文、音频、直播以及短视频等，这些都可以去尝试。对于持续输出有价值的内容，笔者有一些个人建议，如

图 2-23 所示。如果运营者只创作内容，而不输出内容，那么这些内容就不会被人看到，也就没有办法通过内容来影响别人的消费决策。

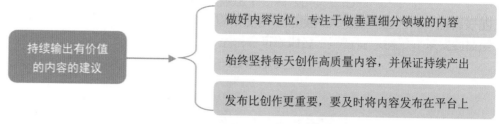

图 2-23　持续输出有价值的内容的建议

总之，运营者要根据自己的特点去生产和输出内容，最重要的一点就是要持续不断地去输出内容。因为只有持续输出内容，才有可能建立自己的行业地位，成为所在领域的信息专家。

2.2.4　了解内容定位的 6 个标准

在抖音电商变现的生产链上，对于内容创作者来说，其创作内容的最终目的是获得收益。内容创作者要想获得收益，就必须要有用户购买，而用户要购买你带货的产品的前提，是这个产品是他想要的产品。

对于抖音盒子的内容定位而言，内容最终是为用户服务的，要想让用户为产品下单，那么这个产品就必须能够满足用户的需求。要做到这一点，运营者的内容定位还需要符合一定的标准，如图 2-24 所示。

在抖音盒子上发布内容时，尽量少发布广告视频，否则账号很容易被系统判定为营销号或广告号，从而被平台限流。

对于抖音中的"大 V"来说，他们之所以能够获得大量用户的关注，就是因为用户可以从中获取他想要的信息，能够满足他们的信息需求。因此，运营者在进行内容定位时，一定要保证推送的内容是具有价值的内容，这样做有以下两个方面的作用。

（1）证明内容的专业度。

（2）提升用户的关注度。

用户能够通过你发布的内容学到一些具有实用性和技巧性的生活常识或操作技巧，帮助他们有效解决平时遇到的一些疑问和难题，基于这一点，也决定了运营者在内容定位方面是专业的，其创作的内容也是接地气的，带来的是实实在在的经验积累。

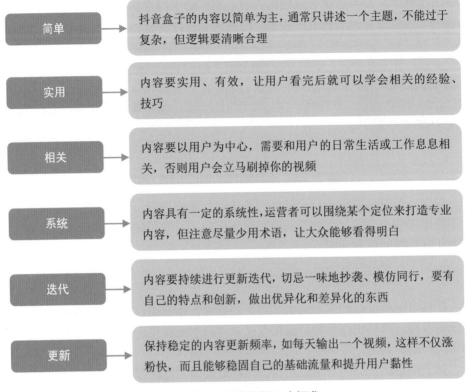

图 2-24　内容定位的 6 个标准

2.2.5　抖音盒子的内容定位规则

抖音盒子平台上的大部分爆款内容，都是经过运营者精心策划的，因此内容定位也是成就爆款内容的重要条件。运营者需要让内容始终围绕定位进行策划，保证内容的方向不会产生偏差。

在进行内容定位规划时，运营者需要注意以下几个规则。

（1）选题有创意。内容的选题尽量独特有创意，同时要建立自己的选题库和标准的工作流程，这样不仅能够提高创作的效率，而且还可以刺激用户持续观看的欲望。例如，运营者可以多收集一些热点加入选题库中，然后结合这些热点来创作内容。

（2）剧情有落差。抖音盒子上的短视频通常需要在短短 15 秒内将大量的信息清晰地叙述出来，因此内容通常比较紧凑。尽管如此，运营者还要脑洞大开，在剧情上安排一些高低落差，来吸引用户的关注。

（3）内容有价值。不管是哪种内容，都要尽量给用户带来价值，让用户值得为你付出时间成本，来看完你的内容。例如，做搞笑类的短视频，就需要能够给用户带来快乐；做美食类的视频，就需要让用户产生食欲，或者让他们有实践的想法。

（4）情感有对比。内容可以源于生活，采用一些简单的拍摄手法，来展现生活中的真情实感，同时加入一些情感的对比，这种内容反而更容易打动用户，触动用户情绪。

专家提醒

　　在设计短视频内容的台词时，内容要具备一定的共鸣性，能够触动用户的情感点，让他们愿意信任你和你推荐的产品。

（5）时间有把控。运营者需要合理地安排短视频的时间节奏，以抖音默认的拍摄 15 秒短视频为例，这个时间段的短视频是最受用户喜欢的，而短于 7 秒的短视频不会得到系统推荐，长于 30 秒的视频用户很难坚持看完。

内容的定位和策划，就好像写一篇作文，有主题思想、开头、中间内容以及结尾，情节的设计就是丰富内容的组成部分，也可以看成是小说中的情节设置。一部成功的小说，少不了跌宕起伏的情节，抖音盒子的内容也是一样，因此在进行内容定位时要注意几点，具体如图 2-25 所示。

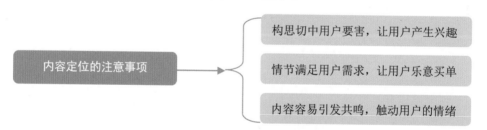

图 2-25　内容定位的注意事项

2.3　账号设置：做好平台的基础搭建工作

抖音盒子平台上的运营者何其多，那么，如何让你的账号从众多同类账号中脱颖而出，快速地被用户记住呢？其中一种方法就是通过账号信息的设置，做好平台的基础搭建工作，同时为自己的账号打上独特的个人标签。

2.3.1　账号名字的设置

抖音盒子的账号名字需要有特点，而且最好和账号定位相关，基本原则如图 2-26 所示。

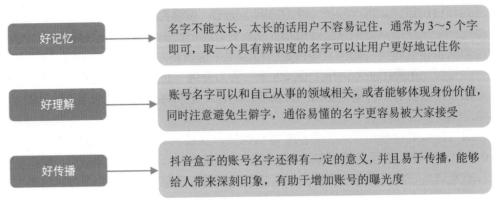

好记忆	名字不能太长，太长的话用户不容易记住，通常为3～5个字即可，取一个具有辨识度的名字可以让用户更好地记住你
好理解	账号名字可以和自己从事的领域相关，或者能够体现身份价值，同时注意避免生僻字，通俗易懂的名字更容易被大家接受
好传播	抖音盒子的账号名字还得有一定的意义，并且易于传播，能够给人带来深刻印象，有助于增加账号的曝光度

图 2-26　设置抖音盒子的账号名字的基本原则

修改抖音盒子的账号名字非常方便，具体操作步骤如下。

（1）进入"我"界面，点击个人头像或名字，如图 2-27 所示。

（2）进入个人主页，点击"编辑资料"按钮，如图 2-28 所示。

图 2-27　点击个人头像或名字　　　**图 2-28　点击"编辑资料"按钮**

 专家提醒

抖音盒子的账号名字也可以体现运营者的人设感，即看见名字就能联系到人设。人设是指人物设定，包括姓名、年龄、身高等人物的基本设定，以及企业、职位和成就等背景设定。

（3）进入"个人资料"界面，选择"名字"选项，如图 2-29 所示。

（4）进入"修改名字"界面，在文本框中输入新的名字，点击"保存"按钮，如图 2-30 所示。

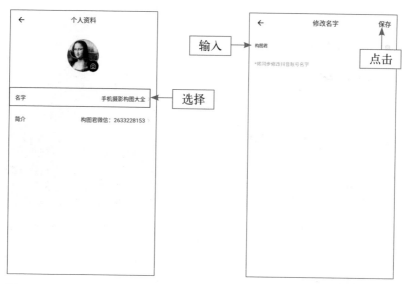

图 2-29 选择"名字"选项   图 2-30 点击"保存"按钮

2.3.2 账号头像的设置

抖音盒子的账号头像也需要有特点，必须展现自己最美的一面，或者展现企业的良好形象。下面介绍设置账号头像的操作方法。

（1）进入个人主页，点击账号头像，如图 2-31 所示。

（2）显示头像的大图效果，点击"更换头像"按钮，如图 2-32 所示。

专家提醒

注意，从事的领域不同，头像的侧重点也不同。而且，好的账号头像辨识度更高，能让用户更容易记住你的账号。在设置账号头像时有一些基本技巧，具体如下。

① 账号头像一定要清晰。

② 个人账号一般使用主播肖像作为头像。

③ 店铺账号可以使用主营产品作为头像，或者使用公司的名称、LOGO 等标志作为头像。

图 2-31　点击账号头像

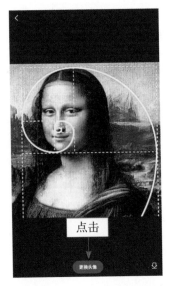

图 2-32　点击"更换头像"按钮

（3）弹出相应菜单，运营者可以选择"拍一张"或"相册选择"的方式更换头像，这里选择"相册选择"选项，如图 2-33 所示。

（4）进入"所有照片"界面，从相册中选择一张需要作为头像的图片，如图 2-34 所示，即可更换账号头像。

图 2-33　选择"相册选择"选项

图 2-34　选择需要作为头像的图片

另外，运营者在"个人资料"界面中点击账号头像右下方的 ◎ 图标，如图 2-35 所示，同样可以弹出更换头像的操作菜单，如图 2-36 所示。

图 2-35　点击相应图标

图 2-36　弹出更换头像的操作菜单

2.3.3　账号简介的设置

运营者可以进入"个人资料"界面，选择"简介"选项进入"修改简介"界面，在此可输入新的简介内容，如图 2-37 所示。

抖音盒子的账号简介应简单明了，主要原则是"描述账号 + 引导关注"，基本设置技巧如下。

- 前半句描述账号的特点或功能，后半句引导关注。
- 明确告诉用户自己从事的领域或范畴。
- 运营者可以在简介中巧妙地推荐其他账号，如图 2-38 所示。

专家提醒

注意，账号简介的内容要简要，告诉用户你的账号是做什么的，只需要提取一两个重点内容即可，同时注意不要有生僻字。

图 2-37　输入新的简介内容

图 2-38　账号简介示例

第 3 章

内容策划：建立信任收人收心

学前提示

做好抖音盒子的关键在于内容，内容的好坏直接决定了账号的成功与否。用户之所以关注你、喜欢你，很大一部分原因就是你的内容吸引了他、打动了他。本章主要介绍抖音盒子的内容策划技巧，帮助大家打造爆款内容。

3.1 深耕内容：做出优质内容

运营者在通过抖音盒子平台进行电商变现时，需要掌握好内容的创作技巧，用情感去打动顾客，从而产生共鸣，提高产品销量。本节将介绍一些内容创作的基本技巧，帮助大家快速做出优质的带货内容。

3.1.1 拍摄种草短视频打造爆款

抖音盒子带货是依靠达人发布的视频来引起用户的注意和购买欲望的，所以拍摄和制作带货视频就成了重要环节。

作为一个社区型的线上电商平台，不管用户在抖音盒子社区发布什么样的内容，最终目的都会变为种草。因此，如何拍出好的视频内容，让自己的视频在吸引用户的同时兼具卖货功能，是运营者的必修课之一。

下面介绍使用抖音盒子 App 拍摄视频的操作技巧。

（1）打开抖音盒子 App，点击右上角的拍摄按钮 📷，如图 3-1 所示。

（2）进入"分段拍"界面，默认视频时长为 15 秒，如图 3-2 所示。

图 3-1　点击拍摄按钮

图 3-2　"分段拍"界面

（3）运营者可以根据需要点击"60 秒"或"3 分钟"按钮，切换为对应的视频时长，如图 3-3 所示。

（4）点击右侧的"滤镜"按钮，在弹出的"滤镜"菜单中选择合适的滤镜效果，如图 3-4 所示。

（5）拖曳白色的圆形滑块，可以调整滤镜的应用程度，如图 3-5 所示。

图 3-3 切换视频时长

图 3-4 选择合适的滤镜效果

图 3-5 调整滤镜的应用程度

（6）点击右侧的"美化"按钮，在弹出的"美颜"菜单中可以对镜头中的人物进行美颜处理，包括"磨皮""大眼""清晰""美白"等效果，如图 3-6 所示。

（7）切换至"风格妆"选项卡，可以快速地给镜头中的人物添加相应主题的妆容效果，如图 3-7 所示。需要注意的是，"美化"功能仅适用于拍摄人物时使用。

图 3-6　"美颜"菜单

图 3-7　"风格妆"选项卡

（8）点击"闪光灯"按钮，即可开启闪光灯，给背景照明，如图 3-8 所示。

（9）点击拍摄按钮，即可开始拍摄视频，并显示拍摄时长，如图 3-9 所示。

开启

图 3-8　开启闪光灯

显示

图 3-9　开始拍摄视频

（10）视频拍摄完成后，进入编辑界面，点击右侧的"剪裁"按钮进入其界面，在此可以对视频内容进行剪辑，如图 3-10 所示。

（11）点击编辑界面右侧的"文字"按钮，可以在视频中添加相应的文案内容，如图 3-11 所示。

图 3-10 剪辑视频

图 3-11 添加文案内容

（12）点击编辑界面右侧的"音乐"按钮进入"音乐库"界面，选择合适的背景音乐，点击"使用"按钮，如图 3-12 所示，即可添加背景音乐。

（13）点击"下一步"按钮，进入"发布"界面，在此可以修改封面和添加标题文案，如图 3-13 所示。

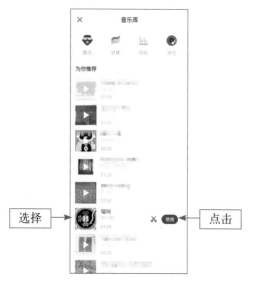

图 3-12 点击"使用"按钮

图 3-13 "发布"界面

（14）点击"＃话题"按钮，添加相应的话题，如图 3-14 所示。运营者可以给视频添加同领域的话题，这样能够让系统快速识别到你想要触及的领域，并将该作品推荐给喜欢这个话题的用户。

（15）点击"发布"按钮即可发布视频，并显示到"推荐"界面中，如图 3-15 所示。

图 3-14　添加话题

图 3-15　发布视频

抖音的日活用户超 6 亿，其中绝大部分是年轻用户，因此运营者和商家在该平台进行商品种草，打造出爆款网红产品的概率会比其他平台大。同理，在抖音盒子平台上打造爆款产品的步骤大致为，先铺量，再种草转化，最后实现品牌曝光。这样不仅有可能成为爆款产品，同时也能够快速提高品牌和账号的知名度。

3.1.2　优秀的同行是最好的老师

当运营者做好了抖音盒子的账号定位和内容定位后，就有了自己的创作方向，接下来便可以向平台上做得好的同行学习经验，多看他们发布的内容，多分析他们的作品数据，找到他们成功的原因。

如果运营者实在没有任何创作方向，也可以直接模仿爆款内容去拍摄。这些爆款内容通常都是大众关注的热点事件，这样做等于让你的作品在无形之中产生了流量。运营者可以从爆款视频的形式、文案、配音、分镜等方面，进行模仿跟拍，甚至能够做到以假乱真的地步，相关技巧如图 3-16 所示。

运营者可以在抖音平台上多看一些同领域的爆款短视频，研究它们的拍摄内容，然后进行跟拍。另外，运营者在模仿爆款短视频时，还可以加入自己的创意，对剧情、台词、场景和道具等进行创新，带来新的"槽点"。很多时候，模仿拍摄的短视频，甚至比原视频更加火爆。

模仿爆款视频
的相关技巧

视频形式上的模仿：包括画面、背景音乐、分镜等

视频开头的模仿：利用这黄金 3 秒将用户吸引住

视频结尾的模仿：在结尾进行互动，引起用户讨论

热门梗的模仿：包括段子和文案等，蹭近期热点

视频脚本的模仿：利用真实写照，引起用户共鸣

图 3-16　模仿爆款视频的相关技巧

3.1.3　用话题精准定位视频内容

在模仿跟拍爆款内容时，如果运营者一时找不到合适的爆款来模仿，此时添加热门话题则是一个不错的方法。在抖音盒子的短视频信息流中可以看到，几乎所有的种草视频中都添加了话题，如图 3-17 所示。

图 3-17　随处可见的话题

尤其是新入驻的运营者，在发布作品的时候，平台是无法确认你所属的领域的，此时发布的内容难以获得精准流量。因此，即使运营者的内容做得非常优秀，其点赞、评论、转发等各项数据也非常差。

给视频添加话题，等于给你的内容打上了标签，让平台快速了解这个内容是属于哪个标签。不过，运营者在添加话题时，注意要添加同领域的话题，才可蹭到这个话题的流量。

也就是说，话题可以帮助平台精准地定位运营者发布的视频内容。通常情况下，一个短视频的话题为 3 个左右，具体应用规则如图 3-18 所示。

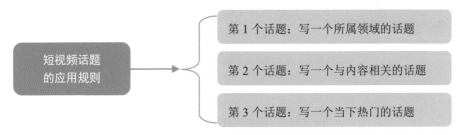

图 3-18　短视频话题的应用规则

运营者可以在抖音 App 中查找热门话题，在主界面中点击右上角的搜索按钮 🔍，如图 3-19 所示。执行操作后，即可看到"抖音热榜"列表，这里就是实时更新的热门话题，如图 3-20 所示。

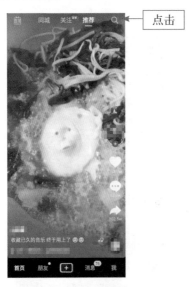

图 3-19　点击搜索按钮　　　**图 3-20　"抖音热榜"列表**

运营者在抖音盒子上发布视频之前，可以前往"抖音热榜"列表中找找适合自己领域的热门话题，如果有就可以做一个与话题相关的视频内容，这样就可以蹭到这个热门话题的流量。

另外，运营者也可以在抖音盒子平台中查看同行参与的热门话题，点击话题名称，如图 3-21 所示，进入该话题的详情界面，点击"立即参与"按钮，即可快速参与话题，如图 3-22 所示。

图 3-21　点击话题名称

图 3-22　点击"立即参与"按钮

3.1.4　专家种草与定向销售内容

一般来说，在抖音盒子平台上纯情感类或者纯鸡汤类的内容是很难上热门的，只有能给用户带来某种好处的干货类文章，比如分享某种技巧、种草或拔草某产品等内容，才容易受到用户青睐。

而在干货类的内容中，又以专家种草类的内容更受欢迎。通常这种内容的知识性较强，用通俗易懂的语言阐述专业性强的内容，更容易吸引粉丝。如图 3-23 所示，这个视频内容就是教大家如何使用手机自拍，显得自己的肤色和妆感（指化完妆之后整体的面部妆容效果）更好，通过"自拍宝典"的形式呈现出专家种草内容，自然很容易吸引到喜欢自拍的用户关注，甚至购买运营者推荐的产品。

至于定向销售，顾名思义，就是指商家或者网红 KOL 要根据产品效用来找到适用人群，并为他们推荐产品。例如，要想推广一款美白产品，就要根据其功效找到该产品的目标用户，如皮肤不够白的用户，并针对他们进行定向推广。

这种明确用户需求、精准定位目标用户的销售方式能够大大提高营销推广效率，使得营销工作变得更简单。

如图 3-24 所示，这个视频中的产品主要针对的是"精致女孩"，帮助她们解决桌面上杂物很多、非常凌乱的问题，由运营者根据产品功效精准定位目标人群并为其推荐产品，这种定向销售的内容方式可以起到事半功倍的推广效果。

图 3-23　专家种草类的内容示例

图 3-24　定向销售产品的内容示例

需要注意的是，定向销售这种内容方式，需要运营者提前了解产品的相关信息，如功效、成分等，使得产品广告能够更精准地投放到目标人群手中，大大提高推广效率。

3.1.5　热梗演绎制造有热度的话题

"梗"是一个网络用语，是"笑点"的意思。抖音盒子的内容灵感来源，运营者除了靠自身的创意想法外，也可以多收集一些热梗，热梗通常自带流量和话题属性，能够吸引大量用户的点赞。

运营者可以将内容的点赞量、评论量、转发量作为筛选依据，找到并收藏各大短视频平台上的热门视频，然后进行模仿、跟拍和创新，打造属于自己的优质内容。

例如，"入冬八件套"这个热梗就于 2021 年年底被大量用户翻拍，在抖音盒子平台上也屡见不鲜，很多运营者将自己的产品置入其中，如图 3-25 所示。

专家提醒

　　"入冬八件套"是由"入冬四件套"（奶茶、烤红薯、糖炒栗子、糖葫芦）发展而来的，这个梗是指"糖炒栗子、烤红薯、奶茶、柚子、火锅、糖葫芦、鲜花和温暖的抱抱"，其中大部分是很能代表冬天的有仪式感的食物。

图3-25 翻拍"入冬八件套"热梗的带货视频

同时，运营者也可以在自己的日常生活中寻找这种创意搞笑热梗内容，然后采用夸大化的创新方式将这些日常细节演绎出来。

另外，在策划热梗内容时，运营者还需要注意以下事项。

（1）抖音盒子的内容创作门槛很低，发挥空间大。

（2）剧情内容有创意，能够紧扣用户的生活。

（3）在内容中无痕植入产品，作为道具展现出来。

3.2 爆款内容：获得用户点赞

很多人在抖音盒子上拍视频时，不知道拍什么内容，不知道哪些内容容易上热门。笔者在本节就给大家分享一些常见的爆款内容形式，即便你只是一个普通人，只要你的内容戳中了"要点"，也可以让你快速走红。

3.2.1 一见钟情

在抖音盒子平台上，用户给短视频点赞的很大一部分原因是他们被运营者的"颜值"给迷住了，也可以理解为"心动的感觉"。比起其他内容形式，好看的外表确实很容易获取用户的好感。

这里，笔者说的"一见钟情"并不单单指运营者的颜值高或身材好，而是指通过一定的装扮和肢体动作，在视频中表现出来"充分入戏"的镜头感。因此，"一见钟情"是"颜值＋身材＋表现力＋亲和力"的综合体现，如图3-26所示。

图 3-26 "一见钟情"的视频示例

专家提醒

注意，人物所处的拍摄环境也相当重要，必须与视频的主题相符合，而且场景尽量要干净整洁。因此，拍摄者要尽量寻找合适的场景。不同的场景可以营造出不同的视觉感受，通常是越简约越好。

在抖音上我们可以看到，很多"颜值"高的运营者只是简单地唱一首歌、跳一段舞、在大街上随便走走或者翻拍一个简单的动作，即可轻松获得百万点赞。从这一点可以看到，外表具有吸引力的内容往往更容易获得用户的关注，这种内容在抖音盒子平台上也同样受欢迎。

3.2.2　乐开了花

打开抖音 App，随便刷几个短视频，就会看到其中有搞笑类的视频内容。这是因为抖音是人们在闲暇时用来放松或消遣的娱乐方式，所以平台非常喜欢这种搞笑类的视频内容，更愿意将这些内容推送给用户，以增加用户对平台的好感，同时让平台变得更活跃。

因此，运营者要了解平台的喜好，做平台喜欢的内容。虽然抖音盒子的内容以带货为主，但运营者仍然可以在其中添加搞笑元素，增加内容的吸引力，让用户看到视频后便乐开了花，忍不住要给你点赞。

　　运营者在拍摄搞笑类视频时，可以从以下几个方面入手。

　　（1）剧情恶搞。运营者可以通过自行招募演员、策划剧本，来拍摄具有搞笑风格的视频作品。这类视频中的人物形体和动作通常比较夸张，同时语言幽默搞笑，感染力非常强。

　　（2）创意剪辑。通过截取一些搞笑的短片镜头画面，嵌入到带货视频的转场处，并配上字幕和背景音乐，制作成创意搞笑的视频内容，如图 3-27 所示。

图 3-27　用搞笑镜头作为转场的内容示例

　　（3）犀利吐槽。对于语言表达能力比较强的运营者来说，可以直接用真人出镜的形式来上演脱口秀节目，吐槽一些接地气的热门话题或者各种趣事，加上较为夸张的造型、神态和表演，来给用户留下深刻印象，吸引用户关注。例如，抖音上很多剪辑《吐槽大会》的经典片段的短视频，点赞量能轻松达到几十万。如图 3-28 所示，运营者在拍摄带货视频时，模仿《吐槽大会》的内容形式，通过幽默风趣的语言加上快节奏的语速来介绍产品，让看到的用户忍俊不禁。注意，这类视频一定要加上字幕，让用户更容易理解。

　　在抖音盒子平台上，用户也可以自行拍摄各类原创幽默搞笑段子，变身搞笑达人，轻松获得大量粉丝关注。当然，这些搞笑段子的内容最好来源于生活，与大家的生活息息相关，或者就是发生在自己周围的事，这样会让人们产生亲切感。另外，搞笑类的视频内容涵盖面非常广，各种酸甜苦辣应有尽有，不容易让用户产生审美疲劳，这也是很多人喜欢搞笑段子的原因。

图 3-28　犀利吐槽的内容示例

3.2.3　治愈心灵

与"颜值"类似的"萌值"，如萌宝、萌宠等类型的内容，同样具有难以抗拒的强大吸引力，能够让用户瞬间觉得心灵被治愈了。

在视频中，那些憨态可掬的萌宝、萌宠具备强治愈力，不仅可以快速火起来，而且还可以获得用户的持续关注。"萌"往往和"可爱"这个词对应，所以许多用户在看到萌的事物时，都会忍不住多看几眼。

1. 萌宝

萌宝是深受用户喜爱的一个群体。萌宝本身看着就很可爱，而且他们的一些行为举动也容易让人觉得非常有趣。所以，制作与萌宝相关的视频，就能很容易地吸引用户的目光，如图 3-29 所示。

2. 萌宠

"萌"不是人类的专有名词，小猫、小狗等可爱的宠物也是很萌的。许多人之所以养宠物，就是觉得萌宠们特别惹人怜爱。如果把宠物日常生活中惹人怜爱、憨态可掬的一面通过视频展现出来，也能轻松吸引用户的目光，如图 3-30 所示。

也正因如此，抖音上兴起了一大批"网红"萌宠。例如，"会说话的刘二豆"在抖音上获得了近 4000 万粉丝关注，其内容以记录两只猫在生活中遇到的趣事为主，视频中经常出现各种"热梗"，配以"戏精"主人的表演，给人以轻松愉悦之感，如图 3-31 所示。

对于抖音盒子的运营者来说，这种"萌值"的内容非常值得借鉴。但是，要成为一个出色的萌宠类账号，还得重点掌握一些内容策划技巧，具体如下。

（1）让萌宠人性化。比如，可以从萌宠的日常生活中，找到它的"性格特征"，并通过剧情的设计，对萌宠的"性格特征"进行展示和强化。

（2）让萌宠拥有特长。比如，可以通过不同的配乐，展示宠物的舞姿，把宠物打造成"舞王"。

（3）配合宠物演戏。比如，可以拍一个萌宠的日常，然后通过后期配音，让萌宠和主人"说话"。

图 3-29　与萌宝相关的视频示例

图 3-30　与萌宠相关的视频示例

图 3-31　"会说话的刘二豆"的相关短视频

3.2.4　不得不服

"不得不服"的内容类型是指在视频或直播中展示各种才艺技能，如唱歌跳舞、影视特效或者生活化的冷门技能等，都能够让用户由衷地佩服。在制作这种类型的内容时，要注意才艺的稀缺度和技能的专业度，同时还要有一定的镜头感，这样才能获得用户的大量点赞和观看。

才艺包含的范围很广，除了常见的唱歌、跳舞之外，还包括摄影、绘画、书法、演奏、相声、脱口秀等。只要视频中展示的才艺足够专业、独特，并且能够让用户赏心悦目，那么视频就很容易上热门。下面笔者分析和总结了一些"大 V"们常用的不同类型的才艺内容，看看他们是如何成功的。

1. 音乐类

音乐类的内容玩法可以分为原创音乐类、跟随歌词进行舞蹈等创作的演绎类，以及对口型表演类。

（1）原创音乐类短视频：原创音乐比较有技术性，要求用户有一定的创作能力，能写歌或者会翻唱改编等，这里我们不做深入讨论。

（2）歌舞类短视频：这种短视频内容更加偏向于情绪的表演，注重情绪与歌词的关系，对于舞蹈的力量感等专业性的要求不是很高，对舞蹈功底也基本没有要求。例如，音乐类的手势舞，运营者只需用手势动作和表情来展现歌词内容，将舞蹈动作卡在节奏上即可，如图 3-32 所示。

图 3-32 手势舞视频示例

（3）对口型表演类：对口型表演类的玩法难度更高，因为运营者既要考虑到情绪的表达，还要注意口型的准确性。所以，在录制的时候，运营者可以先开启"快"速度模式（用抖音 App 拍摄并同步到抖音盒子平台），然后对口型的背景音乐就会变得很慢，这样可以更准确地进行对口型的表演。同时，要注意表情和歌词要配合好，每个时间点出现什么歌词，运营者就要做什么样的口型动作。

2. 舞蹈类

除了比较简单的音乐类手势舞外，专业的舞蹈类视频也会让用户叹服。舞蹈类的玩法需要运营者具有一定的舞蹈基础，同时比较讲究舞蹈的力量感，以及与音乐节奏的配合，这些都需要经过专业训练。

拍摄舞蹈类视频内容时，最好使用高速快门，有条件的运营者可以使用高速摄像机，这样能够清晰完整地记录舞者的所有动作细节，给用户带来更佳的视听体验。除了设备要求外，这种视频对于拍摄者本身的技术要求也比较高，拍摄时必须跟随舞者的动作重心来不断运镜，调整画面的中心焦点，抓拍最精彩的舞蹈动作。笔者总结了一些拍摄舞蹈类视频内容的相关技巧，如图 3-33 所示。

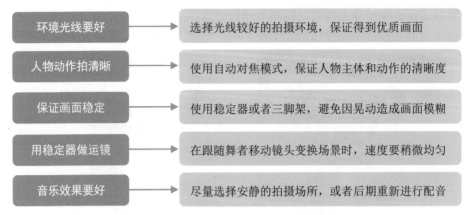

图 3-33　拍摄舞蹈类视频内容的相关技巧

专家提醒

　　如果用手机拍摄，则拍摄者与舞者的距离不能太远。由于手机的分辨率不高，如果拍摄时距离舞者太远，则舞者在镜头中就会显得很小，而且舞者的表情和动作等细节也得不到充分的展现。

3.　"技术流"类

　　"技术流"是各种技术的合成，常见的"技术流"类视频内容包括视频特效、才艺表演、魔术、手工制作、厨艺、摄影等专业技能，运营者可以将自己的独特才艺或者想法展示出来。

　　以视频特效这种"技术流"内容为例，普通的运营者可以直接使用抖音的各种"魔法道具"和控制拍摄速度的快慢等功能，然后再选择合适的特效、背景音乐、封面和滤镜等，来实现一些简单的特效。对于较为专业的运营者来说，则可以使用剪映、Adobe Photoshop、Adobe After Effects 等软件来实现各种特效。如图 3-34 所示，为利用剪映制作的"扔衣服变身"视频效果。

　　"技术流"类视频，主要是通过让用户看到自己难以做到，甚至是没有见过的事情，来引起用户内心的佩服之情。

　　与一般的内容不同，才艺技能类的内容能让一些用户觉得像是一个"新大陆"，因为他们此前从未见过，所以会觉得特别新奇。如果用户觉得视频中的技能在日常生活中用得上，就会进行收藏和转发。

图 3-34　"扔衣服变身"视频效果

3.2.5　无法言喻

　　"无法言喻"的内容类型，是指难以用图文来描述的视频内容，如优美的自然风光，或者生活中的精彩瞬间，这些都能够带给用户深刻感受。

　　例如，风光视频是很多 Vlog 类创作者喜欢拍摄的题材，在抖音盒子中也可以利用这类视频来引流，如图 3-35 所示。抖音盒子的用户群体通常是利用碎片化的时间来刷视频，因此运营者需要在视频开始的几秒钟就将风光的亮点展现出来，同时整个视频的时间不宜过长。

　　需要注意的是，风光视频的后期处理是必不可少的，抖音上很多美景视频大多是经过调色处理的。另外，风光短视频还需要搭配应景的背景音乐。例如，拍摄江南小镇的短视频作品时，可以搭配一些曲调温和的古风背景音乐。最后，运营者在发布视频时，可以稍微卖弄一下文采，给视频加上一句能够触动人心的文案，和粉丝产生共鸣，从而带动作品的话题性，这样产生爆款的概率会更大。

　　总而言之，"无法言喻"的内容需要结合"观赏性＋稀缺性＋声音与文案"的配合，这样才能让用户无法言喻地喜欢，才能获得很高的曝光量。

图 3-35　风光类视频内容示例

3.2.6　情感共鸣

　　情感共鸣类视频内容主要是将情感文字录制成语音，然后配合相关的视频背景来渲染情感氛围，如图 3-36 所示。

图 3-36　情感类视频内容示例

这类内容的引流和种草效果也特别好，通过犀利的文案内容获得用户的心灵共鸣，甚至认同运营者的价值观。运营者也可以采用一些更专业的玩法，那就是拍摄情感类的剧情故事，这样更有感染力。当然，制作这种剧情类的情感视频，以下两个条件是不可或缺的。

- 优质的场景布置。
- 专业的拍摄技能。

另外，情感类视频的声音处理也非常重要，运营者可以找专业的录音公司转录，从而让用户深入到情境之中，产生极强的共鸣。

3.3 带货内容：激发购买欲望

抖音盒子的内容创作，最终都是为了实现带货卖货的商业变现模式。视频内容要能够激发用户的购买欲望，为产品带来大量的流量和提升转化效果，让运营者盈利。本节将介绍带货内容的相关创作技巧。

3.3.1 打造主角人设魅力

运营者要想带货成功，还需要通过内容来打造主角人设魅力，让大家记住你、相信你，相关技巧如图 3-37 所示。

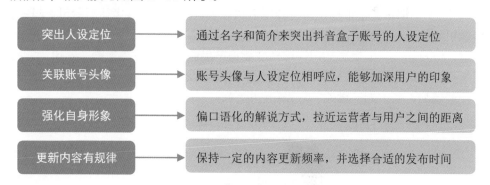

图 3-37 打造主角人设魅力的相关技巧

通常来说，运营者可以通过两种方式打造主角人设：一种是直接将人设放在账号简介中进行说明；另一种是围绕人设发布相关内容，在强化主角人设的同时，借助该人设吸粉。

另外，运营者在打造主角人设的同时，还需要在内容上多下功夫，将内容与变现相结合，这样能够更好地吸引粉丝关注，带货自然不在话下，相关技巧如图 3-38 所示。

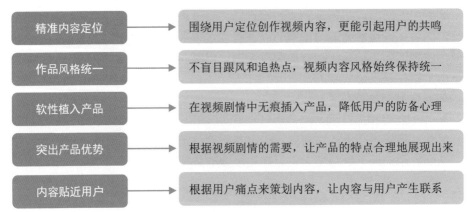

精准内容定位	围绕用户定位创作视频内容，更能引起用户的共鸣
作品风格统一	不盲目跟风和追热点，视频内容风格始终保持统一
软性植入产品	在视频剧情中无痕插入产品，降低用户的防备心理
突出产品优势	根据视频剧情的需要，让产品的特点合理地展现出来
内容贴近用户	根据用户痛点来策划内容，让内容与用户产生联系

图 3-38 带货内容的创作技巧

3.3.2 掌握产品拍摄技巧

既然是做带货类的视频内容，那么产品的拍摄是不可或缺的一环。带货视频可以让用户更加直观地看到产品的外观、用法与各种细节问题，给用户带来直观的产品演示，同时也让店铺和产品的未来有更好的发展。

下面介绍拍摄产品视频的相关设备和技巧。

（1）拍摄设备。拍摄设备主要包括摄像机、单反相机或者智能手机。其中，摄像机和单反相机适合高追求的运营者使用，拍摄时需要配合专业的镜头和参数设置，以及掌握一些摄影知识，这样才能将产品画面拍摄得更精美。如果运营者只需要简单地拍摄一些产品外观，那么手机就可以满足要求。另外，运营者还需要一些辅助设备，如三脚架、灯光和静物台等，如图 3-39 所示。

图 3-39 灯光和静物台设备

（2）摆台思路。在拍摄产品视频前，运营者先要想好如何拍，要拍什么，提前在脑海里演练一下，或者做一些具体的脚本策划，这样不至于在拍摄时无从下手。如果运营者没有特别好的摆台思路，身边也没有增强意境的装饰物，也可以直接通过静物台来摆放商品，采用 45°拍摄角度，通常可以获得不错的视频画面效果。

（3）布光技巧。要拍摄出好看的产品视频，布光相当重要，可以让视频画面更清晰，同时突出商品主体。通常情况下，产品短视频大多采用三点布光法，如图 3-40 所示。

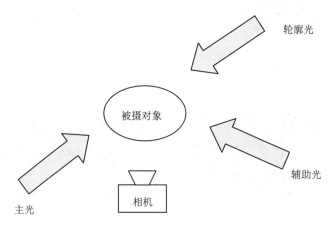

图 3-40　三点布光法

① 主光：用于照亮商品主体和周围的环境。

② 辅助光：其光源强度通常弱于主光，主要用于照亮被摄对象表面的阴影区域，以及主光没有照射到的地方，可以增强主体对象的层次感和景深效果。

③ 轮廓光：主要是从被摄对象的背面照射过来，一般采用聚光灯，其垂直角度要适中，主要用于突出产品轮廓。

专家提醒

　　如果在夜晚或者采光环境比较差的室内，没有足够的自然光时，运营者可以使用照明灯光或者各种道具灯来辅助拍摄，如室内灯光、手电筒、手机闪光灯、台灯、白纸和镜子等都可以进行补光，从而拍出迷人的视频画面。

（4）拍摄视频。最后一步就是视频的拍摄了，运营者可以查阅相机或者手机说明书来查看设备的具体使用方法，这里不再赘述。在拍摄产品视频时，一定要注意拍摄角度，可以从多个方向和角度进行拍摄，如俯视、仰视、平视、微距、正面、侧面以及背面等，可以拍摄多段视频，后期进行剪辑处理，让视频内容看起来更加丰富。

如图 3-41 所示，这个视频拍摄的是一款感应音箱产品。拍摄者不仅从不同的视角更好地展现产品的外观特色，而且还拍摄了产品的不同使用场景，介绍了产品的主要功能，让用户对产品有更深入的了解。

图 3-41　感应音箱产品视频示例

3.3.3　巧妙植入产品广告

在视频内容的场景或情节中引出产品，这是关键的一步，这种软植入方式能够让营销和内容完美融合，让人印象深刻，相关技巧如图 3-42 所示。

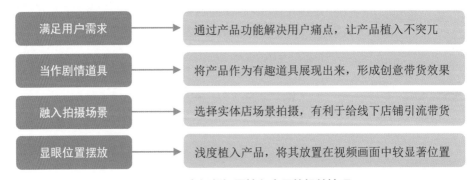

图 3-42　在视频场景植入产品的相关技巧

简单而言，当前带货类视频的产品植入形式，包括台词表述、剧情题材、特写镜头、场景道具、情节捆绑，以及角色名称、文化植入、服装提供等，运营者可以根据自己的需要选择合适的植入方式。

3.3.4 展示产品神奇用法

在视频内容中展现产品功能的时候，运营者可以从功能用途上找突破口，展示产品的神奇用法。

如图 3-43 所示，这个日历产品具备神奇的"盲盒"功能，用户每天都可以从中摇出不一样的日历卡片，而且还可以在日历卡片背后记录每天的生活，让用户觉得每一天都是新鲜的。

图 3-43 展示产品功能用途的视频示例

除了简单地展示产品本身的"神奇"功能之外，运营者还可以"放大产品优势"，即在已有的产品功能上进行创意表现，吸引用户下单。

专家提醒

视频中的产品一定要真实，必须符合用户的视觉习惯，最好是真人试用拍摄，这样更有真实感，可以增加用户对你的信任。

3.3.5 拍出炫酷开箱视频

在抖音盒子平台上，很多人仅用一个"神秘"包裹，就能轻松拍出一条爆款视频。下面笔者总结了一些开箱测评视频的拍摄技巧，如图 3-44 所示。

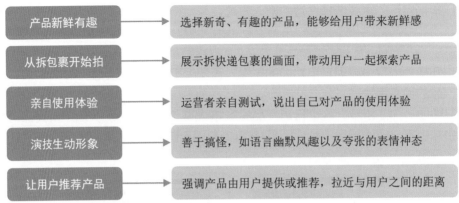

产品新鲜有趣	→	选择新奇、有趣的产品，能够给用户带来新鲜感
从拆包裹开始拍	→	展示拆快递包裹的画面，带动用户一起探索产品
亲自使用体验	→	运营者亲自测试，说出自己对产品的使用体验
演技生动形象	→	善于搞怪，如语言幽默风趣以及夸张的表情神态
让用户推荐产品	→	强调产品由用户提供或推荐，拉近与用户之间的距离

图 3-44　开箱测评类短视频的拍摄技巧

3.3.6　用反差增加趣味性

带货视频同样可以用反差来增加内容的趣味性，给用户带来新鲜感。当然，这个反差通常是由你要表现的产品带来的。例如，在一个化妆产品的带货视频中，女生使用化妆品前后的惊人效果对比，化妆前可以故意拍一些脸部的瑕疵，然后展示使用化妆品后的效果，让用户感到震惊，这就是一种明显的反差。

另外，运营者也可以使用同类产品进行对比，来突出自己产品的优势。如图 3-45 所示的视频中，运营者采用两款不同的防晒服进行对比，同时晒出了数据，孰优孰劣一目了然。

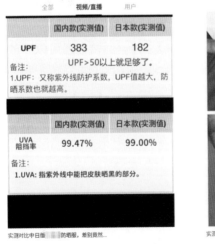
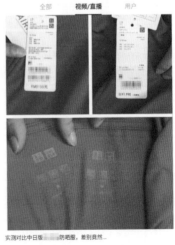

图 3-45　使用同类型产品进行对比

3.3.7　励志鸡汤引起共鸣

运营者可以在带货类视频中添加一些"励志鸡汤"的内容元素，并且结合用户的需求或痛点，从侧面凸显产品的重要性，这样的内容很容易引起有需求的精准人群产生共鸣，带货效果非常好。

例如，图 3-46 的这两个带货视频就在标题文案中添加了"励志鸡汤"内容。励志型标题最显著的特点就是"现身说法"，一般是以第一人称的方式讲故事，故事的内容包罗万象，但总的来说离不开成功的方法、教训以及经验等。

 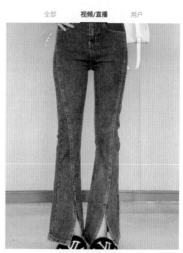

很励志的一句话："家财万贯买不了太阳不下山，身无分文不代表日后没江山"#韩系穿搭 #克兰因蓝

新学到一句励志的话：对得起自己就好 剩下的交给报应吧 #牛仔裤 #喇叭裤

图 3-46　在标题文案中添加"励志鸡汤"内容

例如，很多人都想致富，却苦于没有致富的方法，如果这个时候给他们看励志型视频，让他们知道企业是怎样打破枷锁，走上人生巅峰的，他们就很有可能对这类内容感到好奇，因此这样的标题结构就会具有独特的吸引力。

第 4 章

算法机制：剖析抖音盒子的核心秘密

学前
提示

　　抖音盒子采用的是去中心化的流量分配逻辑，这一点与抖音如出一辙，因此两者的算法机制基本是相同的。本章将由浅入深地介绍抖音盒子的算法机制，让你的视频投放事半功倍。

4.1 深度解读：抖音盒子的算法机制

要想成为抖音盒子平台上的带货达人，运营者首先要想办法让自己的作品火爆起来，这是成为达人的一条捷径。如果运营者没有一夜爆火的好运气，就需要一步步脚踏实地地做好自己的视频内容。当然，这其中也有很多运营技巧，能够帮助运营者提升视频关注量，而平台的算法机制就是不容忽视的重要环节。

4.1.1 什么是算法机制

简单来说，算法机制就像是一套评判规则，这个规则作用于平台上的所有用户，用户在平台上的所有行为都会被系统记录，同时系统会根据这些行为来判断用户的性质，将用户分为优质用户、流失用户、潜在用户等类型。

例如，某个运营者在平台上发布了一个视频，此时算法机制就会考量这个视频的各项数据指标，来判断视频内容的优劣。如果算法机制判断该视频为优质内容，则会继续在平台上对其进行推荐，否则就不再提供流量扶持。

再举个简单的例子，某个用户天天在抖音盒子上刷家居生活类视频，而且通常每个视频都会看完。那么，接下来算法机制就会根据这个用户的喜好，重点向他推荐家居生活类的内容，如图 4-1 所示。

图 4-1　算法机制会根据用户喜好推荐内容

如果运营者想知道抖音盒子平台上当下的流行趋势是什么，平台最喜欢推荐哪种类型的视频，那么运营者可以注册一个新的抖音盒子账号，然后记录前 30 条刷到的视频内容，每个视频都全部看完，这样算法机制是无法判断运营者的喜好的，因此会给运营者推荐当前平台上最受欢迎的视频。

　　因此，运营者可以根据平台的算法机制来调整自己的内容细节，让自己的内容能够最大化地迎合平台的算法机制，从而获得更多流量。

4.1.2　抖音盒子的算法机制

　　抖音盒子是一款内容电商 App，因此其算法机制不会过于商业化。抖音盒子通过智能化的算法机制来分析运营者发布的内容和用户的行为，如点赞、停留、评论、转发、关注等，从而了解每个人的兴趣，并给内容和用户打上对应的标签，从而实现彼此的精准匹配。

　　在这种算法机制下，好的内容能够获得用户的关注，也就是获得精准的流量；而用户则可以看到自己想要看的内容，从而持续地在这个平台上停留，可以说是"一举两得"。图4-2所示为抖音盒子的算法机制模型。

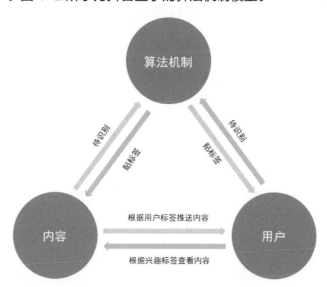

图4-2　抖音盒子的算法机制模型

专家提醒

　　抖音盒子不同于微信公众号，微信公众号中的内容阅读量基本由运营者的粉丝量来决定；而抖音盒子的算法机制则对内容和用户的把控都很严，因此视频的播放量与粉丝量的关系并不大，所有的流量都是由算法机制进行分配的。

当运营者在抖音盒子上发布了一条视频后，平台会基于该视频的内容质量、运营者粉丝量和用户兴趣标签，给予该视频一定的初始流量，具体包括如图 4-3 所示的两个部分。

图 4-3　初始流量的组成部分

4.1.3　抖音盒子的算法逻辑

运营者发布到抖音盒子平台的视频或图文内容需要经过层层审核，才能被大众看到，其背后的主要算法逻辑分为 3 部分，分别为智能分发、叠加推荐、热度加权，如图 4-4 所示。

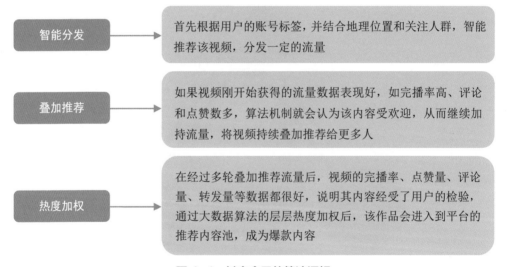

图 4-4　抖音盒子的算法逻辑

4.2　增加曝光：掌握算法标签的原理

在抖音盒子的算法机制中，标签非常重要，有了精准的标签，平台才能够将你的内容推送给真正喜欢的人群。抖音盒子的这种算法机制，仿佛为用户提供了一个"真正懂你的伴侣"，让用户变得欲罢不能。

整个抖音盒子的算法机制流程可以分两部分，首先根据内容维度和用户兴趣分别为其贴上对应的标签，然后按照标签智能推送个性化内容。

4.2.1 给内容贴标签

在抖音盒子的后台中，系统有一个内容标签库，也就是说将所有内容都贴上了对应的标签。图 4-5 所示为《2021 抖音电商生态发展报告》中关于产品的内容类目，在其中可以看到很多细分的标签。

图 4-5 关于产品的内容类目（数据来源：抖音电商 & 巨量算数）

给内容贴标签，简单来说就是给内容进行分类。通过算法机制给内容贴标签，不仅准确，而且效率很高。例如，如果运营者发布的是粉底液产品视频，那么算法机制就会给该内容打上"美妆"标签，如图 4-6 所示；如果运营者发布的是五金工具产品视频，那么算法机制就会给该内容打上"工具"标签，如图 4-7 所示。

图 4-6　粉底液产品视频

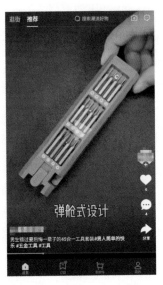

图 4-7　五金工具产品视频

4.2.2　给用户贴标签

抖音盒子的算法机制会根据用户的行为路径分析其兴趣爱好，再给用户贴上对应的标签，同时还会根据用户的使用习惯不断地优化这个标签，最终形成用户画像，如图 4-8 所示。

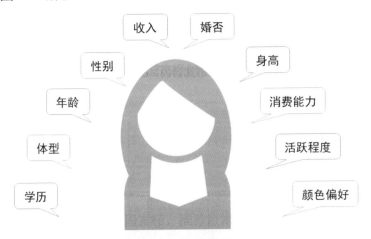

图 4-8　用户画像

给用户打标签，也就是说用户浏览了哪些类型的视频或商品，相应地就会获得自己的兴趣偏好标签。例如，某用户爱看女装搭配类型的视频，那便有极大的可能被打上"女装搭配"标签。给用户贴标签的流程如图 4-9 所示。

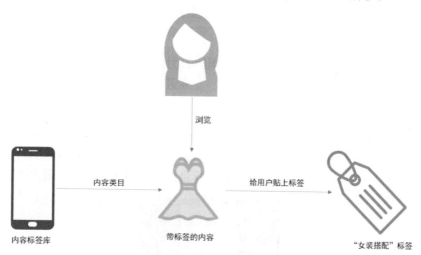

图 4-9　给用户贴标签的流程

4.2.3　智能标签推送

字节跳动平台的用户账号数据是相通的，同时会记录用户在不同应用中的标签，并以用户为中心来智能化地推送内容。图 4-10 所示为字节跳动平台的部分热门产品。

图 4-10　字节跳动平台的部分热门产品

例如，某用户是通过抖音号来登录抖音盒子平台的。当用户第一次进入抖音平台后，抖音平台的算法机制会对用户平时浏览的内容都贴上标签，从而得出用户在抖音这个平台上的用户画像。

当用户通过抖音号登录抖音盒子后，字节跳动平台的数据库会将用户的抖音号标签同步到抖音盒子平台，并根据抖音平台的用户画像匹配与标签对应的内容，智能推送给用户。

此后，用户在刷抖音盒子的过程中，算法机制会再次记录用户的点赞、评论和转发等行为，为其贴上新标签。最后，平台通过不断地智能优化标签，得出属于抖音盒子的新用户画像。

通过算法优化后，平台会推送与新标签匹配的内容给用户，这便是字节跳动平台的算法机制运行路径。在整个运行路径中，采用的都是 AI（Artificial Intelligence，人工智能）算法，算法机制会实时地对用户的标签进行计算和更新，同时这个过程是周而复始的，最终实现"以用户为中心"的个性化内容推送。

抖音盒子的智能 AI 算法会给所有用户都建立一套数据模型，如图 4-11 所示。运营者每次发布的内容能够被用户看到，其实背后都是 AI 算法在分析和学习这个内容，并不断地完善账号标签模型。

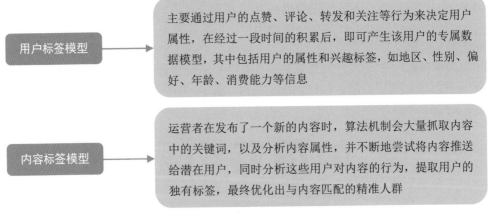

图 4-11　算法机制的数据模型

也就是说，运营者的内容标签越精准，建立数据模型的时间越短，则发布的内容越容易得到精准流量，不管是涨粉还是变现都会更快。

4.2.4　赛马（漏斗）机制

运营者发布内容后，平台会根据其账号权重给予一定的初始推荐流量，如自己的粉丝和附近的人，然后再根据用户标签与内容标签进行智能分发。抖音盒子的算法机制其实是一种流量赛马机制，也可以看成是一个漏斗模型，如图 4-12 所示。

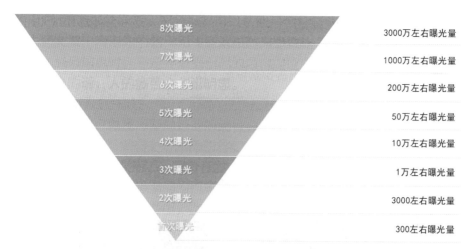

图4-12 赛马（漏斗）机制

运营者发布内容后，抖音盒子会将同一时间发布的所有视频放到一个池子里，给予一定的基础推荐流量，然后根据这些流量的反馈情况进行数据筛选，选出分数较高的内容，将其放到下一个流量池中，而对数据差的内容系统暂时就不会再推荐了。

也就是说，在抖音盒子平台上，内容的竞争相当于赛马，通过算法将差的内容淘汰掉。图4-13所示为流量赛马机制的相关流程。

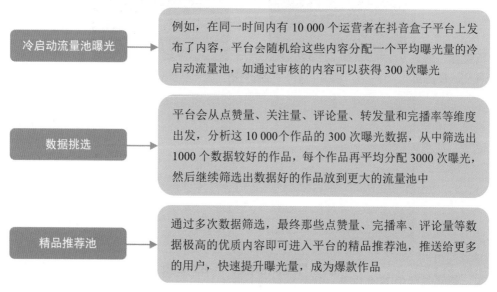

图4-13 流量赛马机制的相关流程

4.2.5 让内容更贴近算法

了解了抖音盒子的算法机制和标签匹配原理，运营者可以对自己的内容垂直度进行调整，让算法更好地为内容和账号贴标签，从而获得更多的推荐流量。

如图 4-14 所示的这个视频，首次进入流量池后，算法系统根据其品类将其放到"装修"分类池中。然后，算法系统会抓取内容中的关键词，如"吊顶"，并匹配用户数据中标有"装修""吊顶"所对应的用户标签，进行小量级的试探推荐，观察用户是否有兴趣观看并有良性反馈。若用户反馈较好，则继而扩大量级推荐，并根据"装修""吊顶"等关联更多的关键词和用户标签，如"装修""无主灯""客厅""测距仪"等。

图 4-14　"装修"类目的作品示例

因此，运营者需要对作品的标题、封面、内容等进行优化，让用户标签的垂直精准度更高，从而获得更多的播放量，让自己的内容被推送到更大的精品流量池中，让涨粉速度越来越快。

4.3　提升流量：利用好抖音盒子的算法

抖音盒子的算法机制其实很简单，算法机制和平台的推荐规则可以画上等号。因此，运营者只需要搞懂两个问题即可，那就是算法机制是如何推荐内容的，以及算法机制为什么会推荐你的内容。

抖音盒子的算法机制，其关键在于权重，因此运营者需要持续输出垂直领域的内容，吸引到精准用户的关注，这样才能获得算法的加持，从而形成正面循环，获得源源不断的流量。

4.3.1　去中心化算法

传统的互联网平台或电商平台，都是直接给用户推荐当前的热门内容，或者推荐用户关注的运营者发布的内容。如图 4-15 所示，打开百度首页可以看到，在"百度热搜"板块中的内容都是当天的热点资讯。

图 4-15　百度首页

图 4-16 所示为某微信公众号发布的内容，所有关注该公众号的粉丝收到的内容都是相同的。

图 4-16　某微信公众号发布的内容

也就是说，传统的数据库系统都存在一个相同点，那就是它们中间有一个管理者，对数据库的存储和维护工作进行全权负责，这就是中心节点，如百度或微信公众号等。中心节点不仅保存了所有的数据，而且其他节点产生的所有数据都需要通过它来处理，如图 4-17 所示。

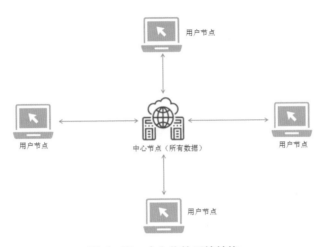

图4-17　中心化的系统结构

字节跳动公司旗下的各个应用都是采用去中心化的算法机制，抖音盒子当然也不例外。字节跳动公司的首款应用"今日头条"推出后，在智能推荐算法的帮助下，快速占领了新闻媒体市场，如图4-18所示。

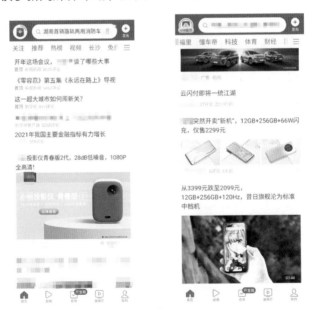

图4-18　采用智能推荐算法的今日头条

抖音盒子继承了今日头条的去中心化算法机制，让所有入驻的运营者都能获得公平竞争流量的机会，让很多普通人一夜成名，甚至年入百万元。在这种去中心化的数据库系统中，任何一个节点都有可能成为阶段性中心，因此没有了中心节点和用户节点的差异，从而打造了一个开放式、扁平化、平等式的网络结构，如图 4-19 所示。

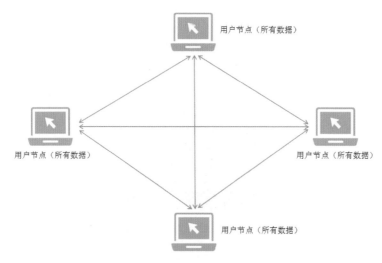

图 4-19　去中心化的系统结构

过去，那些大的报纸、杂志、电视、电台和互联网平台，其市场通常被大咖占据，流量也倾向于他们，普通人很难逆袭。如今，在抖音盒子平台的去中心化算法机制下，针对每个运营者发布的视频都会预分配一定的流量，以确保内容的多样性，而且不会对少数人偏袒，每一个普通人都能得到平等展示的机会。

4.3.2　利用好流量池

在抖音盒子平台上，不管运营者有多少粉丝、内容质量是否优质，每个人发布的内容都会进入一个流量池。当然，运营者的内容是否能够进入下一个流量池，关键在于内容在上一个流量池中的表现。

总的来说，抖音盒子的流量池可以分为低级、中级和高级 3 类，平台会依据运营者的账号权重和内容的受欢迎程度来分配流量池。也就是说，账号权重越高，发布的内容越受用户欢迎，得到的曝光量就越多。

因此，运营者一定要把握住冷启动流量池，想方设法让自己的内容在这个流量池中获得好的表现。通常情况下，平台评判内容在流量池中的表现，主要参照点赞量、关注量、评论量、转发量和完播率这几个指标，如图 4-20 所示。

运营者发布视频后，可以通过自己的私域流量或者付费流量来增加视频的点赞量、关注量、评论量、转发量和完播率。

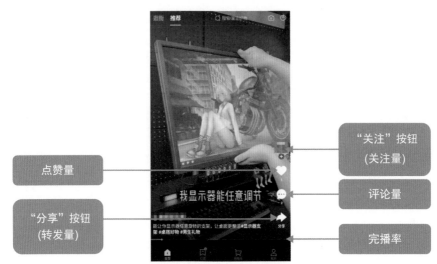

点赞量

"分享"按钮
(转发量)

"关注"按钮
(关注量)

评论量

完播率

图 4-20　抖音盒子的作品指标数据

也就是说，运营者的账号是否能够做起来，这几个指标是关键因素。如果某个运营者连续 7 天发布的视频都没有人关注和点赞，甚至很多人看到封面后就直接刷掉了，那么算法系统就会判定该账号为低级号，给予的流量会非常少。

如果某个运营者连续 7 天发布的视频播放量都维持在 200 ～ 300 之间，则算法系统会判定该账号为最低权重号，同时将其发布的内容分配到低级流量池中。若该账号发布的内容持续 30 天播放量仍然没有突破，则同样会被系统判定为低级号。

如果某个运营者连续 7 天发布的视频播放量都超过 1000，则算法系统会判定该账号为热门号，这样的账号发布的内容只要随便蹭个热点就能轻松上热门了。

运营者弄懂了抖音盒子的算法机制后，就可轻松引导平台给账号匹配优质用户的标签，让账号权重更高，从而让内容分配到更多流量。

 专家提醒

另外，停留时长也是评判内容是否有上热门潜质的关键指标。用户在某个视频的停留时间很长，说明这个视频能够深深地吸引他。

4.3.3　获得叠加推荐

在抖音盒子平台给内容提供第一波流量后，算法机制会根据这波流量的反馈数据来判断内容的优劣，如果判定为优质内容，则会给内容叠加分发多波流量；

反之，就不会再继续分发流量了。

因此，抖音盒子的算法系统采用的是一种叠加推荐机制。一般情况下，运营者发布视频后的前一个小时内，如果视频的播放量超过 5000 次、点赞量超过 100 个、评论量超过 10 个，则算法系统会马上进行下一波推荐。图 4-21 所示为叠加推荐机制的基本流程。

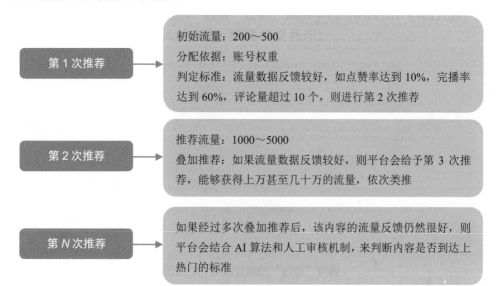

第 1 次推荐 → 初始流量：200～500
分配依据：账号权重
判定标准：流量数据反馈较好，如点赞率达到 10%，完播率达到 60%，评论量超过 10 个，则进行第 2 次推荐

第 2 次推荐 → 推荐流量：1000～5000
叠加推荐：如果流量数据反馈较好，则平台会给予第 3 次推荐，能够获得上万甚至几十万的流量，依次类推

第 N 次推荐 → 如果经过多次叠加推荐后，该内容的流量反馈仍然很好，则平台会结合 AI 算法和人工审核机制，来判断内容是否到达上热门的标准

图 4-21 叠加推荐机制的基本流程

对于算法机制的流量反馈情况来说，各个指标的权重都是不一样的，具体为：播放量（完播率）＞点赞量＞评论量＞转发量。运营者的个人能力是有限的，因此当内容进入更大的流量池后，这些流量反馈指标就很难被人工干预了。

专家提醒

　　许多人可能会遇到这种情况，就是自己拍摄的原创内容没有火，而别人翻拍的作品却火了，这其中很重要的一个原因就是受到账号权重大小的影响。

　　关于账号权重，简单来讲，就是账号的优质程度，说直白点也就是运营者的账号在平台心中的位置。权重会影响内容的曝光量，低权重的账号发布的内容很难被用户看见，而高权重的账号发布的内容则更容易被平台推荐。

运营者需要注意的是，千万不要为走捷径而去刷流量反馈数据，平台对于这种违规操作是明令禁止的，并会根据情况的严重程度，相应地给予审核不通过、删除违规内容、内容不推荐、后台警示、限制上传视频、永久封禁、报警等处理。图 4-22 所示为《抖音盒子社区自律公约》中的相关规定。

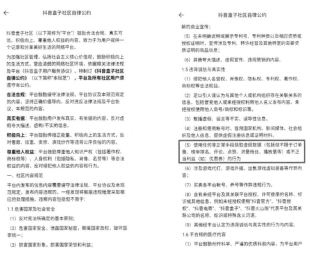

图 4-22　《抖音盒子社区自律公约》中的相关规定

4.3.4　把握时间效应

很多人在做抖音盒子时，会发现一个现象，那就是视频刚发布时流量非常差，但过了一段时间后，这个视频却突然火了起来，这也是抖音盒子算法机制中的一种"时间效应"。

因此，运营者如果看好某个视频内容，即便一开始没有获得很多平台流量，也要尽量多想办法引流，如转发给微信好友或朋友圈等。当这个视频的流量反馈数据上升之后，很有可能会再次得到平台的推荐。

专家提醒

> 需要注意的是，如果运营者前期发布的内容的流量反馈很好，视频进入了较大的流量池，而如果后期发布的视频产生了违规行为，则运营者的账号权重就会被系统降低，从而导致账号被限流甚至封号。因此，运营者一定要懂得居安思危，保持账号的健康运营。

另外，"时间效应"还有一种体现方式，那就是运营者刚开始发布的视频内容的流量反馈都一般，但突然有一天发布的一个视频火了，获得了很多粉丝的关注。这些粉丝很有可能会进入运营者的个人主页，去翻看他之前发布的视频，这样那些视频的流量反馈数据也会涨上去。此时，平台的算法系统就会认为该运营者的其他视频也很受用户欢迎，从而推荐那些老视频。

　　因此，运营者可以将一些自己认为优质的视频内容置顶到个人主页，便于用户点击查看，让这些优质的老视频内容获得上热门的机会。下面介绍将盒子视频置顶的操作方法。

　　（1）进入个人主页，选择需要置顶的视频，如图 4-23 所示。

　　（2）进入视频播放界面，点击"更多"按钮，如图 4-24 所示。

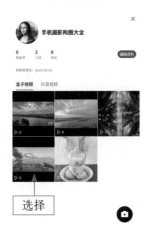

图 4-23　选择需要置顶的视频

图 4-24　点击"更多"按钮

　　（3）弹出"更多"菜单，点击"置顶"按钮，如图 4-25 所示。

　　（4）执行操作后，即可将所选视频置顶显示到个人主页中，如图 4-26 所示。

图 4-25　点击"置顶"按钮

图 4-26　将所选视频置顶显示

4.3.5　不断复盘总结

运营者在了解了抖音盒子的基本算法机制后，可以更好地把握自己创作的内容的流量推荐流程，当然这些只是基本功，后续获得流量的关键在于运营者的复盘总结工作。运营者可以针对，如图 4-27 所示的问题对自己创作的内容进行复盘总结。

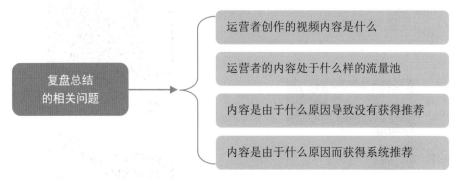

图 4-27　复盘总结的相关问题

这些问题没有标准答案，需要运营者根据自己的实际情况不断地进行复盘，分析和总结出一套适用于自己的内容创作方法，从而对内容进行更好的优化。

4.3.6　获得流量扶持

运营者可以在抖音盒子 App 中进入个人主页，在"抖音视频"选项卡中点击"去授权"按钮，如图 4-28 所示。弹出"授权同步你在抖音的内容信息"对话框，点击"同意授权"按钮，如图 4-29 所示。

执行操作后，运营者如果能够在"抖音视频"选项卡中看见自己的抖音视频，就说明内容已经完美互通过来了，双端的互通信息如表 4-1 所示。运营者在抖音盒子上发布或者从抖音授权互通过来的符合标准的内容，在两个 App 上都会被分发。需要注意的是，通过抖音授权同步到抖音盒子的内容无须在盒子上再次发布。

目前，抖音官方非常欢迎运营者在抖音盒子上发布优质内容，并且在抖音盒子上发布内容之后也能自由选择是否互通回抖音，实现一次发布双端曝光，同时官方会给予更多的流量扶持，相关要求如图 4-30 所示。

如果运营者首发视频后，发现播放量为零，可能与视频质量有关系，运营者可以在创作者中心的课程中心里查看规则并及时调整创作方向。图 4-31 所示，为更容易获得流量扶持的优质内容形式。

图 4-28 点击"去授权"按钮

图 4-29 点击"同意授权"按钮

表 4-1 抖音和抖音盒子双端的互通信息

体裁	分类	是否与抖音互通	备　注
视频	视频内容	是	—
	视频评论	否	—
直播	直播内容	是	目前仅支持同步开播前挂购物车的带货直播间，没有挂购物车的直播间或中途挂购物车的直播间均不支持同到抖音盒子
	直播评论	是	—
	直播观看人数	是	—
	直播打赏	是	—
互动	关注／订阅	否	—
	粉丝数量	否	—

运营者在创作内容时，还需要注意一些事项，如图 4-32 所示。优质的内容不仅可以获得官方流量扶持，同时在算法机制的流量推荐加持下，相信这个内容离爆款不远了。

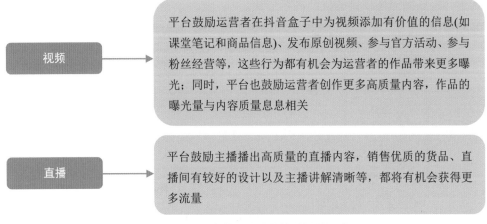

| 视频 | 平台鼓励运营者在抖音盒子中为视频添加有价值的信息(如课堂笔记和商品信息)、发布原创视频、参与官方活动、参与粉丝经营等，这些行为都有机会为运营者的作品带来更多曝光；同时，平台也鼓励运营者创作更多高质量内容，作品的曝光量与内容质量息息相关 |

| 直播 | 平台鼓励主播播出高质量的直播内容，销售优质的货品、直播间有较好的设计以及主播讲解清晰等，都将有机会获得更多流量 |

图4-30　内容获得流量扶持的相关要求

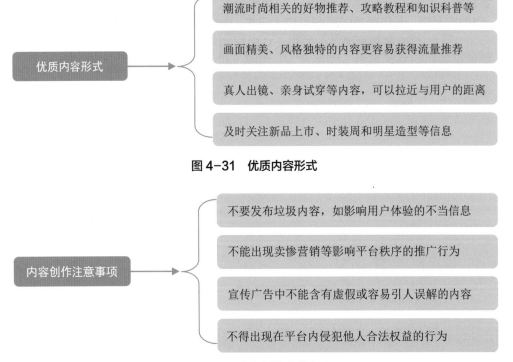

优质内容形式

- 潮流时尚相关的好物推荐、攻略教程和知识科普等
- 画面精美、风格独特的内容更容易获得流量推荐
- 真人出镜、亲身试穿等内容，可以拉近与用户的距离
- 及时关注新品上市、时装周和明星造型等信息

图4-31　优质内容形式

内容创作注意事项

- 不要发布垃圾内容，如影响用户体验的不当信息
- 不能出现卖惨营销等影响平台秩序的推广行为
- 宣传广告中不能含有虚假或容易引人误解的内容
- 不得出现在平台内侵犯他人合法权益的行为

图4-32　内容创作注意事项

第5章

推荐机制：获得亿级流量红利

学前提示

在抖音盒子平台上，只要运营者能够做出爆款内容，就能轻松带火整个品牌，因此这个平台成为商家进行品牌营销和带货卖货的"香饽饽"。运营者如果想在抖音盒子平台上快速吸粉和带货，就一定要了解平台的内容推荐机制。

5.1 深度解读：了解抖音的推荐机制

算法和推荐机制是相辅相成的，算法是内部的原理，而推荐则是外在的表现。抖音盒子采用的是一种智能分发的推荐机制，主要以用户标签和内容标签为依据，通过算法来计算作品的流量大小，然后将作品推荐给合适的人群。

5.1.1 推荐机制的原理

抖音盒子是一个非中心化的产品，其核心在于推荐，抖音盒子平台就好像是一个广场，只要运营者的内容足够优质，就能吸引到更多的人观看。抖音盒子的推荐机制流程如图 5-1 所示。

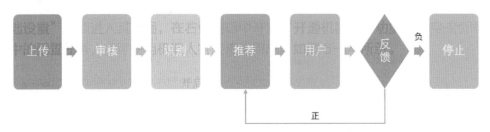

图 5-1 抖音盒子的推荐机制流程

专家提醒

在反馈阶段中，"正"表示视频的质量分高于基数分值，视频将会继续得到推荐；"负"表示视频的质量分低于基数分值，视频将被停止推荐。

下面对推荐机制流程中的部分关键阶段进行解析。

（1）审核阶段。当运营者在抖音盒子平台中上传内容后，首先经过机器检测视频画面、标题和关键词。如果发现其中有违规内容，则会放进行人工审核，包括视频标题、封面截图和视频关键帧。如果确认内容违规后，就会删除该视频或封禁账号。

专家提醒

如果运营者发布的视频被系统判定为违规内容，还可以上传证据进行申诉。如果申诉失败，运营者可以对内容进行翻新，如视频消重、修改关键词和关键帧，但这样只会获得低流量推荐，只有自己和粉丝能够看到这个视频。如果申诉成功，则进入下一个流程。

（2）识别阶段。在这一阶段主要是进行画面消重和关键词匹配，如果内容未重复，则结合关键词随机匹配给 200 ～ 300 个在线用户。

（3）推荐阶段。根据用户反馈情况进行推荐，如果内容的点赞量、评论量、转发量、完播率和关注量等数据差，则停止推荐；反之，则进行叠加推荐。如果运营者的账号权重低、用户标签不够精准，同时获得的第一波流量反馈数据低，则可以利用算法机制的"时间效应"或自身爆款视频带动流量，获得系统的二次推荐。

（4）用户阶段。这一步主要是指用户对于视频内容的互动行为，包括完播量、点赞量、评论量、关注量、转发量和停留时长等。

（5）反馈阶段。用户反馈的结果决定了内容是否能够获得叠加推荐，反馈好的内容可以进入更高级的流量池。算法系统会根据运营者的账号权重和内容互动数据来给视频质量打分，如图 5-2 所示，根据这个视频质量分即可得出视频最终的播放量（即流量）。

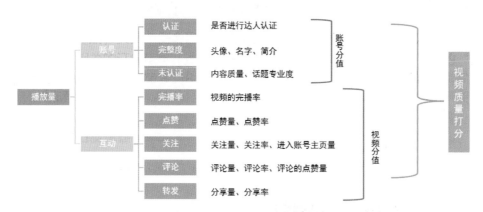

图 5-2　视频质量打分的算法

专家提醒

　　当运营者发布的内容进入到更高级的流量池后，如果没有被用户举报，则系统会持续推荐 1 天～ 1 周，等到热度冷却后还会进行零散推荐。如果被用户举报，则会进行人工审核，确认违规后就会停止推荐，同时会给予删除视频、账号降权或封号等处罚。对于恶意举报，运营者可以进行投诉，若投诉成功则不受任何影响。

5.1.2　双重审核机制

　　在抖音盒子平台上，每时每刻都有非常多的新内容发布，如果单纯依靠机器审核则很容易被人乘虚而入，而仅靠人工审核又过于费时费力。因此，抖音盒子采用了双重审核机制来筛选视频内容，这也是视频是否获得推荐的第一道坎。

1. 机器审核

机器审核主要是通过 AI 算法模型识别视频画面和关键词，初步识别和过滤劣质内容，其主要作用如图 5-3 所示。

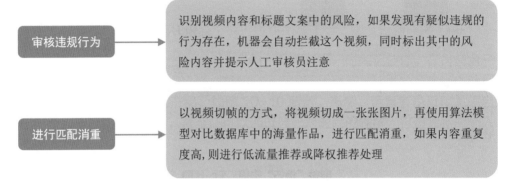

| 审核违规行为 | 识别视频内容和标题文案中的风险，如果发现有疑似违规的行为存在，机器会自动拦截这个视频，同时标出其中的风险内容并提示人工审核员注意 |
| 进行匹配消重 | 以视频切帧的方式，将视频切成一张张图片，再使用算法模型对比数据库中的海量作品，进行匹配消重，如果内容重复度高，则进行低流量推荐或降权推荐处理 |

图 5-3　机器审核的主要作用

对于机器审核的具体规则，运营者可以前往"规则中心"界面点击查看相应的规则详情（见图 5-4），这里不再赘述。

图 5-4　查看相关的规则

2. 人工审核

人工审核是指人为地对相关内容进行筛选核实与审批，主要包括视频标题、封面截图和视频关键帧 3 个部分，审核的准确度和科学性更高。

在机器审核阶段中被机器标出的有违规风险的内容，都会发送到人工审核员手中，由他们逐个进行细致审核。一旦视频内容被人工审核员确定为违规作品，则会对违规账号进行删除视频、降权通告、封禁账号等处罚。

在审核过程中，算法系统会按照一定的标准对视频进行排序：账号信息完整度→认证→推荐基数→播放量→点赞量→评论量→转发量→发布时间。算法系统会根据这些指标计算出视频的权重分数，将权重高的视频随机分配给审核员进行优先审核。

5.1.3 流量分桶测试

抖音盒子的推荐机制采用了"流量分桶"的测试模型，会优先测试内容标签，一旦内容被机器贴上标签，则会分桶到与标签一致的流量池中。如果内容标签不精准，机器无法给内容贴标签，就会进行零散推荐，从而很难得到精准流量。图 5-5 所示为"流量分桶"的系统原理。

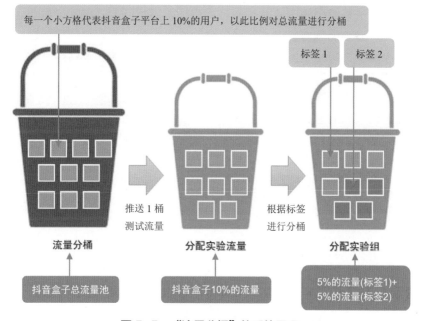

图 5-5 "流量分桶"的系统原理

下面通过一个简单的例子来分析"流量分桶"的测试方法，如图 5-6 所示，这个视频中包含了 4 个关键词标签，分别为"刮画纸""解压神器""创意""礼物"，则算法系统会先识别视频中的这 4 个标签，然后推送一波测试流量，即图 5-5 中的分配实验流量过程。

图 5-6　相应视频示例

接下来算法系统会将这 4 个标签与用户标签进行匹配，也就是将对这些标签感兴趣的用户分别扔到对应的"流量分桶"中进行测试，即分配实验组，看看哪个标签的流量反馈数据更好，这样算法系统就会重点推荐哪个标签。同时，算法系统会根据视频的标题、封面、切帧，以及视频中识别出来的所有元素，甚至会参考该账号的历史反馈数据和用户画像，去匹配合适的标签。

因此，对于新入驻的运营者来说，一定要找到准确的标题和封面关键词，同时画面元素要尽量简洁，从而让算法系统能够准确地识别内容标签。

专家提醒

　　需要注意的是，如果视频画面中的元素太复杂，包含了 200 个标签，则算法系统将该视频推荐给 1000 个人，则每个"流量分桶"就只有 5 个人，那么这样的标签也没有任何参考意义。

5.1.4　探索推荐路径

了解了"流量分桶"的基本原理后，运营者该如何查找自己的内容进入了哪个实验组呢？要找到这个答案，运营者首先要了解一个视频作品从上传到最后进入精品流量池的推荐路径。下面以播放量作为参考指标，看看推荐机制的路径到底是如何运行的，如图 5-7 所示。

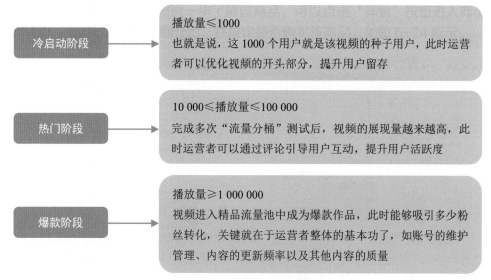

图 5-7 推荐机制的路径

专家提醒

注意，各阶段的中间部分属于测试阶段，其播放量数据不做讨论，因此上面只重点筛选了具有代表性的 3 个数据层次进行分析。

5.1.5 数据加权推荐

对于新发布的视频来说，冷启动阶段的 1000 个种子用户的反馈数据非常重要，如完播率、点赞量、关注量、评论量、转发量、停留时长等，算法系统会根据这些指标计算出视频分值，同时结合运营者的账号分值来决定是否进行加权推荐。

加权推荐是指对视频进行第二轮推荐，同时还会提升推荐力度，其过程如图 5-8 所示。推荐的基础流量由权重决定，包括视频的各项用户反馈数据，以及稳定的更新频率和内容质量所带来的平均流量。

专家提醒

抖音盒子采用的是实时推荐算法，例如，用户刷到了一个关于球鞋的带货视频，然后点进该运营者的个人主页查看他发布的其他球鞋带货视频，并给这些视频进行了点赞或评论。那么，算法系统一定可以捕获到该用户近几次的行为是对球鞋感兴趣的，然后通过实时推荐算法给他推荐与球鞋相关的内容。

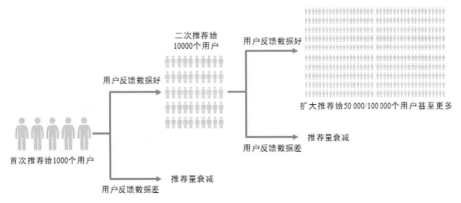

图 5-8　加权推荐的过程

系统判定视频能否进行加权推荐的依据为用户反馈数据。因此，运营者要打造爆款视频，就需要珍惜冷启动阶段的第一波基础流量，不断地提高完播率、点赞量、评论量、转发量等指标数据。

只有用户反馈数据好的视频才能获得更大的加权推荐，同时根据"流量分桶"原理，在实验组测试中会不断强化内容标签和用户标签的匹配度，让流量更加精准。另外，加权推荐还会受到账号权重的影响，如果某个账号发布的大部分视频都是爆款，那么说明他的账号权重非常高。从这一点来看，运营者还需要注意"养号"，从而提升账号的权重。"养号"的相关技巧如图 5-9 所示。

图 5-9　抖音盒子平台的"养号"技巧

5.1.6　关键数据指标

从抖音盒子的推荐机制中可以看到，完播率、点赞、评论、转发、关注以及进入主页等用户互动行为会对作品权重产生直接影响，进而影响视频的推荐量。各指标的具体介绍如图 5-10 所示。

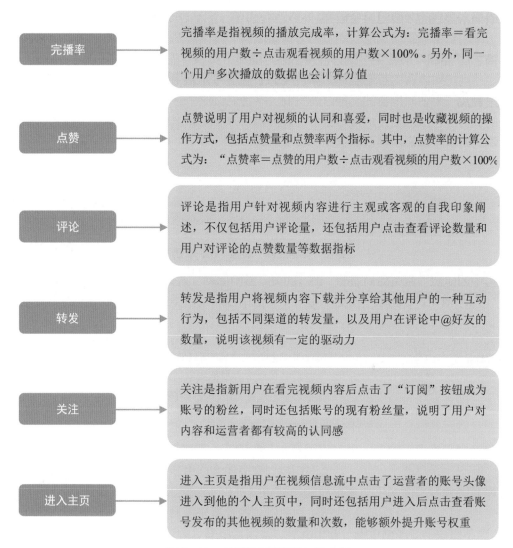

图 5-10 关键数据指标的具体介绍

从上面这些数据指标的计算方法可以看到，15 秒的视频其实比 1 分钟的视频更容易获得较高的权重，这是为什么呢？一般情况下，新账号和大号发布的视频处于同一起跑线上，但如果大号发布的是 1 分钟的视频，而新账号发布的是 15 秒的视频，那么很明显 1 分钟的视频完播率获得的分值会更低。

因为抖音盒子的视频内容都是带货类的，如果用户不喜欢这个商品，根本不会看 1 分钟这么久。而 15 秒的视频，因为本身时间就很短，在用户不经意间就播放完了，甚至用户如果喜欢其中的商品还会反复观看，那么"完播率＋重复播放率"得到的分值明显会更高。

5.1.7 内容过滤机制

用户对内容的互动反馈，体现在算法系统中就是用户在给内容打分，这也是抖音盒子平台对内容的一种过滤机制。平台通过这个分值，可以很好地区分内容的优劣度，从而给用户推荐更多优质内容，并停止劣质内容的推荐。下面通过举例的方式，解析内容过滤机制的实现原理，如图 5-11 所示。

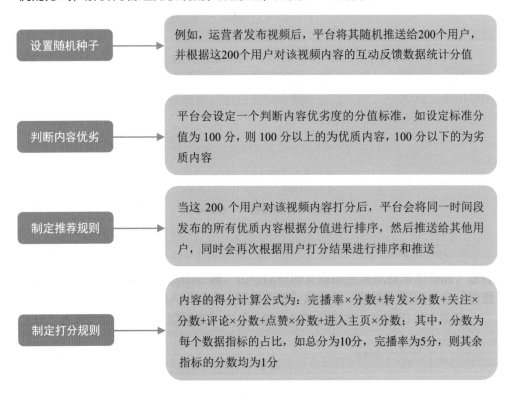

| 设置随机种子 | 例如，运营者发布视频后，平台将其随机推送给200个用户，并根据这200个用户对该视频内容的互动反馈数据统计分值 |

判断内容优劣　平台会设定一个判断内容优劣度的分值标准，如设定标准分值为 100 分，则 100 分以上的为优质内容，100 分以下的为劣质内容

制定推荐规则　当这 200 个用户对该视频内容打分后，平台会将同一时间段发布的所有优质内容根据分值进行排序，然后推送给其他用户，同时会再次根据用户打分结果进行排序和推送

制定打分规则　内容的得分计算公式为：完播率×分数+转发×分数+关注×分数+评论×分数+点赞×分数+进入主页×分数；其中，分数为每个数据指标的占比，如总分为10分，完播率为5分，则其余指标的分数均为1分

图 5-11　内容过滤机制的实现原理

5.1.8 平台推荐逻辑

运营者发布到抖音盒子平台上的内容，在经过双重审核、冷启动推荐和叠加推荐等流程后，会给内容和运营者带来极大曝光量，但推荐时间通常只维持在一个星期以内。

因此，我们可以看到，平台上的很多爆款视频的火热程度在一周后会快速冷却下来，而且运营者后续发布的视频推荐量也极不稳定。这是因为平台的 DAU是有限的，因此总的推荐量就那么多，如果运营者不能持续生产优质内容，则有限的流量就会被其他优质内容抢去。图5-12所示为抖音盒子平台的基本推荐逻辑。

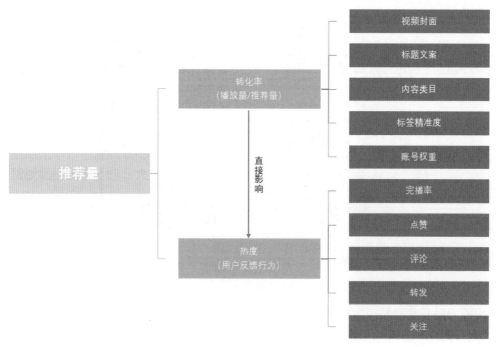

图5-12　基本推荐逻辑

爆款内容的流量之所以会"触顶"，主要是由于和这个内容标签相关的用户标签已经基本匹配完了，平台自然不会推荐给其他非精准用户标签的人群。另外，平台不会以一个爆款视频为依据，而是会对账号进行多轮考验，查看运营者是否具备持续输出优质内容的潜力，再决定是否扶持该账号为大号。

5.1.9　作品注意事项

对于运营者来说，影响作品数据的关键点在于内容的拍摄与剪辑。例如，画面清晰流畅、色调风格统一、声音清晰悦耳、背景唯美整洁并匹配字幕的视频，更受平台欢迎，因此更容易成为爆款作品，如图5-13所示。

相反的，如果视频的画面模糊看不清、分辨率低、声音嘈杂听不清、色调让人眼花缭乱、背景杂乱无章，这样的视频在人工审核环节可能就被淘汰了，自然很难有推荐量。

前面已经介绍过，抖音盒子采用的是去中心化算法，因此对于每个运营者都是平等的，每个人都有机会成为坐拥百万粉丝的大咖。也就是说，即便你没有任何名气，只要你的内容足够优质，能够得到用户的青睐，你就有机会成名。

图 5-13　拍摄与剪辑优质的视频示例

运营者在创作内容时，一定要注意不能违规，否则你的内容做得再优质，也不会有推荐量，因为内容在机器审核阶段就被刷下来了。图 5-14 所示为内容审核不通过的常见原因。

内容审核不通过的常见原因

- 内容中存在敏感信息，如冒用平台名义或低俗不雅
- 内容或标题中出现电话号码、广告图片、网址链接等
- 非单纯地出现微信号、公众号或其他恶意推广信息
- 硬广告、铺垫式广告或其他低质量的营销视频内容
- 搬运或盗用他人的作品，或恶意攻击、侮辱他人
- 账号有作弊行为，如刷播放量、粉丝量和点赞量等
- 使用模拟器频繁切换账号，同一 IP 下挂十几个账号

图 5-14　内容审核不通过的常见原因

如果运营者发布的内容不存在违规行为，则审核通过后即可推荐给用户。当

然，如果运营者发布的内容存在违规行为，则会面临一定的处罚，如图5-15所示。

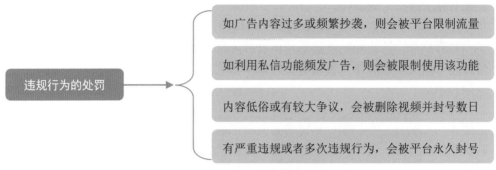

图 5-15　违规行为的处罚

5.2　提升热度：增强内容的推荐量

众所周知，抖音是一个流量极大的平台，而抖音盒子和抖音的流量是可以相通的，运营者可以将抖音盒子的视频同步到抖音，来获取推荐量。相关的测试数据显示，用户一个小时持续不断地刷视频，能够看完300多个视频。但在这一个小时内，新发布的视频却远远不止300个。

因此，在用户非主动搜索的情况下，运营者如何才能提升内容的热度，让自己的作品获得更多推荐量呢？这需要运营者从账号、内容和发布这3个方面进行优化，本节将介绍相关的技巧。

5.2.1　账号优化技巧

前面已经介绍过，抖音盒子平台有双重审核机制，如果运营者的账号被算法系统判定为营销号，则会直接被限流或封号。即使运营者新注册的账号没有打过广告，如果前期没有任何操作，平台无法知晓账号的所属领域，也就无法给账号打标签，那么算法系统同样也不会给太多的推荐。

因此，运营者在新注册抖音盒子账号后，要把"养号"放在第一位，首先要完善账号信息，然后要模拟正常用户的使用习惯，如点击、订阅、收藏、加购、搜索、浏览和分享等操作行为。

经过大约3～7天的"养号"操作后，便可开始发视频，并坚持每天更新视频，保持账号活跃度。只要运营者更新的内容优质且不违规，就容易让系统检测出你的账号属于优质的活跃账号，账号权重自然比较高。

下面介绍一些提升账号权重的相关优化技巧。

（1）完善账号信息。账号信息能够体现出强烈的个人风格，有助于打造自己的人设。如账号名字简洁易懂，与账号定位符合；个人简介能够描述账号定位，同时可以引导用户关注。

（2）进行官方认证。抖音盒子平台目前没有认证机制，但运营者可以申请抖音官方认证，如兴趣认证、职业认证、企业认证、机构认证和音乐人认证等，如图 5-16 所示，这样也有助于平台获知运营者的真实身份，从而为视频带来更多推荐量。

（3）提升数据指标。内容发布并通过审核后会进入冷启动推荐环节，此时完播率、点赞量、评论量、转发量等关键指标数据就非常重要了，是平台评判内容优劣度的依据。因此，运营者需要利用自己的所有资源去提升这些指标数据，让视频获得更多推荐。如图 5-17 所示，这个视频的标题文案中添加了"# 一定要看到最后"的话题，就是为了引导用户看完视频，提升完播率指标数据。

图 5-16　抖音官方认证方式

图 5-17　引导用户看完视频

5.2.2　内容优化技巧

如何让新用户在看完视频内容后愿意点赞或关注呢？要想做到这一点，需要运营者在内容中给用户提供足够的理由，也就是说用户为什么要关注你，用户从你这里可以得到什么。运营者也可以进行自检，看看自己的内容可以给用户提供哪些价值。下面介绍相关的内容优化技巧。

（1）原创内容。抖音盒子平台是明令禁止抄袭的，因此运营者要尽量去创作属于自己的优质内容。例如，某个用户正好需要买车，那么关于鉴别车辆好坏的视频就成为他关注的内容了；再如，某人不会穿衣打扮，那么穿搭类内容他就会特别关注。所以，这些用户关注的内容，同样也是运营者应该把握的原创方向。运营者要根据自己选择的领域，来做这个领域人群关注的原创内容。

（2）蹭热门音乐。运营者可以根据自己的视频风格和主题方向，选择好的背景音乐，让视频长上"翅膀"！运营者可以通过"抖音音乐榜"，来找到被搜索次数最高、最火的歌曲，如图5-18所示。

图5-18　抖音音乐榜

（3）控制视频时长。前期的视频时长可以保持在7～15秒，保证一定的完播率。运营者在创作视频内容时，即使只有15秒，也一定要保证视频时长和内容完整度，视频短于7秒是很难被推荐的。只有足够的视频时长，才能保证视频的基本可看性，完整的内容演绎才有机会上推荐。如果运营者的内容卡在一半就结束了，用户看到是会难受的。

（4）尽量竖屏拍摄。抖音盒子的界面设计以竖屏为主，用户的浏览习惯也是竖屏刷视频，因此竖屏的内容播放率要比横屏的高。图5-19所示为竖屏和横屏的对比效果。

（5）添加热门话题。话题有很好的引导用户和引爆流量的效果，而且还能让广大用户参与视频互动，提高用户黏性和活跃度。参与话题的方式主要分为如图5-20所示的4种。

 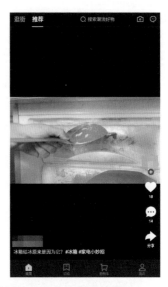

图 5-19　竖屏（左图）和横屏（右图）的对比效果

参与话题的方式

参与指定挑战赛来冲量，内容不能低俗违规

提供统一的内容形式，交给机构进行视频分发

拍摄视频模板，并安排矩阵账号来模仿跟拍

发起话题，安排多个矩阵账号自由发挥参与

图 5-20　参与话题的方式

 专家提醒

在输入话题关键字的时候，运营者点击"创建新话题"按钮，即可发起新的话题，如图 5-21 所示。抖音盒子平台上每天都会有不同的热门话题，运营者发视频的时候可以添加一个话题。优秀视频会被推荐到话题主页的前端，如图 5-22 所示，会让你的视频曝光量更高，也会引来相同爱好者的更多点赞与关注。

（6）画面高清不模糊。拍摄视频时要注意设备不能抖动，否则画面会变模糊，从而影响用户的观看体验。建议运营者购买一个稳定器或三脚架，保证拍摄时的设备稳定性，如图 5-23 所示。另外，运营者还可以买一个补光灯，让视频画面更加明亮、简洁，如图 5-24 所示。

图 5-21　点击"创建新话题"按钮

图 5-22　话题主页

图 5-23　稳定器

图 5-24　补光灯

（7）把握"黄金 3 秒"。抖音盒子首页"推荐"界面中的内容，更新速度非常快，用户也许只用 3 秒来判断是否继续看下去，因此视频的开头不能拖泥带水，而应该快速切入正题。一旦视频的开头过于拖沓，则大部分用户就会刷掉这个视频，如果视频被用户多次刷掉，那么这个视频就很难再获得推荐了。

（8）持续维护内容。抖音盒子的推荐算法具有"时间效应"，可能会带火一些优质的老视频，因此运营者要坚持去维护那些暂时没有火起来的优质内容，也许过段时间这些视频便会得到平台的流量扶持。

5.2.3　发布优化技巧

在抖音盒子平台上发布内容时，笔者建议大家的更新频率是一周至少 2 ～ 3 个，然后进行精细化运营，保持视频的活跃度，让每一个视频都尽可能地上热门。下面介绍视频的发布优化技巧，包括发布时间、发布地点和后期维护。

1. 发布时间

为了让你的作品被更多的人看到，火得更快，一定要选择在用户在线人数多的时候进行发布。据统计，饭前和睡前是用户最多的使用场景，有 62% 的用户会在这段时间内玩手机；10.9% 的用户会在碎片化时间玩手机，如上卫生间或者上班路上。尤其是睡前和周末、节假日这些时间段，抖音盒子的用户活跃度非常高。运营者发布内容的时间可以控制在如图 5-25 所示的几个时间段。

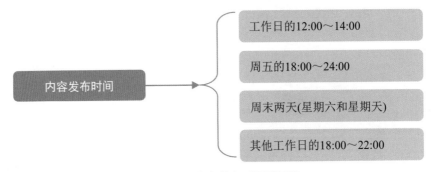

图 5-25　内容发布时间的建议

专家提醒

　　运营者最好在这些"黄金时段"提前 10 分钟发布内容，因为平台的双重审核需要一定的时间，这样可以让视频在"黄金时段"尽可能地抢占用户的注意力。

同样的内容在不同的时间段发布，推荐量肯定是不一样的，因为流量高峰期人比较多，那么运营者的内容就有可能被更多人看到。如果运营者一次性录制了好几个视频，千万不要同时发布，每个视频发布的时间间隔至少为一个小时。

另外，发布时间还需要考虑运营者的目标用户群体的时间，因为职业不同、工作性质不同、行业细分不同以及内容属性不同，发布的时间节点也有所差别，因此运营者要结合内容属性和目标人群，选择一个最佳的时间点来发布视频。再次提醒，最核心的一点就是在人多的时候发布，得到的曝光量和推荐量会大很多。

2. 发布地点

抖音盒子在推荐内容时，会优先向附近的人推荐，因此运营者可以尽量将手机定位到人群较多的地方去发布视频。

3. 后期维护

运营者发布视频后，还需要积极引导用户给视频点赞、评论和转发。其中，评论的作用非常重要，很多爆款作品的评论区中就有不少搞笑内容，而且运营者会和这些发表优质评论的用户进行互动，如图 5-26 所示。

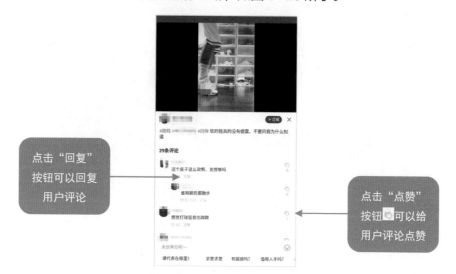

图 5-26 抖音盒子的作品评论区

其实，那些"杠精评论"很大一部分都是运营者在"唱双簧"，目的就是提升用户给评论点赞和回复评论的积极性。因此，运营者可以安排专门的人去维护用户的评论，积极回复用户的问题，和用户进行互动，从而提升用户的活跃度和忠诚度。

5.3 关键维度：提升账号推荐权重

在抖音盒子平台上，发布视频的主要人群还是普通运营者，优质内容是获得平台推荐最重要的因素，只有吸引人的内容，才能让人有观看、点赞和评论的欲望。在抖音盒子平台上吸粉和变现是一个漫长的过程，因此运营者要循序渐进地发布一些高质量的视频，并学会维持和粉丝的亲密度。

有了优质的内容后，运营者还需要掌握一定的运营技巧，让自己发布的内容能够获得平台推荐，被更多用户看到。本节重点挑选了 4 个可以帮助运营者提升账号推荐权重的维度，分别为垂直度、活跃度、健康度和互动度。

5.3.1　维度 1：垂直度

什么叫垂直度？通俗地说，就是运营者发布的内容符合自己的目标群体定位，这就是垂直度。例如，运营者是一个化妆品商家，想要吸引对化妆感兴趣的女性人群，此时就拍摄了大量的化妆教程视频，这样的内容垂直度就比较高。

如图 5-27 所示，从这个运营者的名字和简介中都可以看到其账号定位为"汽车模型"，头像用的是一个卡通汽车图片，发布的内容都是汽车模型方面的视频，因此内容的垂直度非常高。

图 5-27　垂直度高的账号示例

目前，抖音盒子和抖音都是采用推荐算法的短视频平台，会根据运营者的内容标签来给其推荐精准流量。例如，运营者发布了一个旅游类视频，平台在推荐这个视频后，很多用户都给他的视频点赞和评论了。对于这些有大量用户互动的内容，此时平台就会为其贴上旅游类标签，同时将运营者的视频推送给更多旅游爱好者观看。但是，如果运营者之后再发布一个搞笑类的视频，则由于内容垂直度很低，与推荐的流量属性不匹配，自然点赞量和评论量会非常低。

推荐算法的机制就是用标签来精准匹配内容和流量，这样每个用户都能看到自己喜欢的内容，每个运营者都能得到粉丝关注，平台才能长久地保持活跃。要想提升账号的垂直度，运营者可以从以下几个方面入手。

（1）塑造形象标签。形象标签可以从账号名字、头像、个人简介等方面下功夫，让大家一看到你的名字和头像就知道你是做什么的。因此，运营者在设置这些基本账号信息时，一定要根据自己的内容定位来选择，这样才能吸引到更多精准流量。

（2）打造账号标签。有了明确的账号定位后，运营者可以去同领域大号的评论区引流，也可以找一些同行业的大号进行互推，来增加内容的关注量和点赞量，培养账号标签，获得更多精准粉丝。

（3）打造内容标签。运营者在发布内容时，要做到风格和内容的统一，不要随意切换领域，尤其是前面的视频，一定要根据自己的账号标签来发布内容，让账号标签和内容标签相匹配，这样账号的垂直度就会更高。

5.3.2　维度2：活跃度

日活跃用户是所有短视频平台和电商平台的一个重要运营指标，每个平台都在努力提升自己的日活跃用户数据。

日活跃用户是各个平台竞争的关键要素，因此运营者必须持续输出优质的内容，帮助平台提升日活跃用户数据，这样平台会给这些优质运营者更多的流量扶持。例如，抖音盒子为了帮助第一批入驻的运营者更好地创作内容，开启了"内容创作指引"活动，运营者可以同步抖音内容来获得双重曝光，如图5-28所示。

图5-28　"内容创作指引"活动

运营者在抖音盒子平台上新发布的种草视频，将有机会获得平台的定向流量加持。种草视频是指通过展示商品外观、展示商品功效、表达使用主观感受、提供商品客观评测等内容，使用户对视频中的商品产生购买意愿，作出购买决策。优质的种草视频具有如图 5-29 所示的 4 个特点。

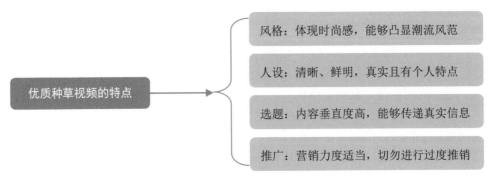

图 5-29　优质种草视频的特点

5.3.3　维度 3：健康度

　　健康度主要体现在用户对运营者发布内容的爱好程度，其中完播率就是最能体现账号健康度的数据指标。内容的完播率越高，说明用户对视频的满意度越高，则运营者的账号健康度也就越高。

　　因此，运营者需要努力打造自己的人设魅力，提升视频内容的吸引力，保证优良的画质效果，同时还需要在内容剧本和标题文案的创意上下功夫。例如，运营者可以截取一些精彩的封面图片，这样用户更有点击查看视频的欲望，如图 5-30 所示。

图 5-30　选择封面

专家提醒

　　运营者可以在抖音盒子的视频"发布"界面点击"修改封面"按钮，然后在视频轨道中选择相应的视频帧作为封面图，点击"保存"按钮即可修改封面。

5.3.4　维度 4：互动度

　　互动度显而易见就是指用户的点赞、评论、订阅和转发等互动行为，因此运营者要积极回复用户的评论，做好粉丝运营，培养强信任关系。

　　在内容运营中，运营者也应该抓住粉丝们对情感的需求。其实不一定非要体现"人间大爱"，任何能够感动人心的内容，都可能会触动到不同粉丝的心灵。做粉丝运营的最终目标是让用户按照自己的想法，去转发内容，来购买产品，给产品好评，并分享给他的朋友，把用户转化为最终消费者。

　　例如，运营者可以在视频的标题文案中以疑问句等方式，引导观看的用户点赞、评论和转发，如图 5-31 所示。另外，在视频刚发布时，看到的用户可能不是很多，也不会有太多的用户评论。如果运营者进行自我评论，也能在一定程度上起到引导用户评论的作用。

图 5-31　疑问句的标题文案示例

第 6 章
店铺运营：盒子开店完全攻略

学前
提示

　　从概念上看，抖音盒子是一个集"内容＋电商"于
一体的针对年轻人群的购物 App，而抖音小店则是在抖
音上开店的商家后台 App。毋庸置疑，抖音盒子一定是
抖音小店未来的重点发展平台。

6.1 开通抖店：做好店铺管理工作

目前，抖音盒子平台上的商品全部来自抖店，因此我们可以将抖音盒子看成是抖店的另一个商品展示渠道，如图 6-1 所示，其他展示渠道包括抖音、今日头条、西瓜视频等。不同于过去的展示渠道，抖音盒子里面没有新闻热点、搞笑段子、心灵鸡汤等内容，取而代之的是种草视频和带货直播间，因此流量更精准、转化率更高。

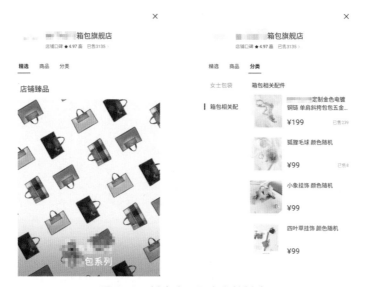

图 6-1　抖音盒子平台上的抖店

也就是说，运营者如果想要在抖音盒子上开店卖产品，开通抖店是一条捷径，即使是零粉丝也可以轻松入驻开店。本节主要介绍抖店的运营管理工作，包括认识抖店、店铺运营、推广规划、店铺装修、客服服务和订单管理等内容。

6.1.1 认识抖音小店

近年来，线上购物呈现出快速增长的态势，越来越多的人开始通过线上进行购物。除了淘宝、京东和拼多多等电商平台之外，各短视频平台也成了很多用户的主要购物渠道之一。而抖音又是近年来发展得比较好的短视频平台之一，因此很多人养成了看抖音短视频和直播购物的习惯。

在抖音平台中，商家和运营者要想通过短视频和直播销售商品，需要先通过"抖音精选联盟"将商品添加到橱窗中，而抖音小店与"抖音精选联盟"又是有关联的，商家可以直接通过抖音小店的后台将商品上传至"抖音精选联盟"中，因此许多商家都开通了自己的抖音小店。

抖音小店覆盖了服饰鞋包、珠宝文玩、美妆、3C 家电、个护家清、母婴和智能家居等多个品类，大部分线下有实体店或者开通了网店的商家，都可以注册和自己业务范围一致的抖店。

抖音小店包括旗舰店、专卖店、专营店、普通店等多种店铺类型。本书第 1 章已经简单介绍了抖音小店的开店流程和移动端的入驻操作方法。另外，商家还可以在电脑上进入抖店官网的"首页"页面，选择手机号码注册、抖音入驻、头条入驻和火山入驻等多种入驻方法，如图 6-2 所示。

图 6-2　抖店官网的"首页"页面

登录抖店平台之后，系统会自动跳转至"请选择主体类型"页面，如图 6-3 所示，运营者需要在该页面中根据自身需要选择合适的主体类型（即单击对应主体类型下方的"立即入驻"按钮）。然后填写主体信息和店铺信息，并进行资质审核和账户验证，最后缴纳保证金，即可完成抖店的入驻。

图 6-3　"请选择主体类型"页面

6.1.2 店铺运营管理

入驻抖店平台之后，运营者应该立刻完成新手任务，这不仅可以熟悉相关操作，而且完成任务之后还能获得专属流量。进入抖店后台，在左侧的导航栏中选择"店铺"|"任务中心"选项进入其页面，如图 6-4 所示。该页面中会展示各种需要运营者完成的任务，单击对应任务后面的相应按钮，会自动跳转至对应任务的操作入口页面，运营者只需根据提示进行操作，即可完成对应的任务并获得相应的奖励。

图 6-4 "任务中心"页面

运营者可以主动联系抖音电商的官方运营，这样做不仅可以获得更多专属资源和福利，还可以优先体验相关功能。进入抖店后台的"首页"页面，单击右下角的"联系运营"按钮，弹出"联系抖音电商官方运营"对话框，如图 6-5 所示。

图 6-5 "联系抖音电商官方运营"对话框

运营者只需根据要求填写信息，选中"我已阅读并同意《注意事项及法律声明》"复选框，单击"提交"按钮，即可提交信息。信息提交完成后，抖音官方运营便会与运营者取得联系。

另外，抖音电商还上线了"店铺会员"功能，运营者可以引导用户加入店铺会员，让产品更好地触达用户，从而有效地提升店铺的收益。当然，运营者要想在抖音平台中直接引导用户加入店铺会员，必须先在抖店后台开通会员功能。

运营者进入抖店后台，在左侧的导航栏中选择"用户"|"人群触达"选项，即可看到开通会员的相关信息，选中"我已阅读并同意《抖店会员通功能服务协议》"复选框。单击"立即开通"按钮，如图 6-6 所示。

图 6-6　单击"立即开通"按钮

运营者只需根据提示进行操作，即可成功地开通会员功能。会员功能开通之后，抖店后台左侧的导航栏中会出现"会员"板块，商家可以进入该板块对会员的相关信息进行设置。

6.1.3　规划推广方式

目前，抖店的流量主要来源于直播间、短视频和自然搜索，运营者既可以通过创意十足的带货内容获取直播和短视频流量，也可以通过达人推荐测评获取自然搜索流量。另外，抖店常用的推广方式还有优惠券、限时限量购、满减活动、定时开售、拼团等。运营者需要正确地使用这些推广方式，从而有效地提升流量的转化与商品推广效果。

以达人合作推广为例，运营者选择的达人越优质，则抖店获取的流量就越精准，同时商品转化率也会越高。运营者可以借助抖店后台中的"精选联盟"功能高效、精准地寻找带货达人，从而快速达成合作。

另外，在巨量百应平台的"服务大厅"菜单中有一个"达人广场"选项，运营者可以在"达人广场"页面查找达人并与之建立联系，如图6-7所示。

图6-7　"达人广场"页面

运营者可以在"达人广场"页面筛选达人并下单，与合适的达人进行合作。具体来说，运营者可以从"主推类目""粉丝总数""内容类型"和"其他筛选"等角度，对达人进行筛选。选择相应的达人后，即可进入该达人的详情页，运营者可以通过带货口碑和相关数据对该达人进行分析，筛选出适合的达人，如图6-8所示。

图6-8　达人详情页

达人详情页中包括"数据概览""粉丝分析"和"直播详情"选项卡，依次呈现的是达人账号的数据概览、粉丝数据和直播数据。运营者可以根据自身需求，选择合适的板块进行达人账号的数据分析。

筛选到合适的达人之后，运营者可以与达人建立联系，就合作的相关事宜进行协商。确定要合作之后，运营者可以创建专属计划任务或定向计划任务，在巨量百应平台中下单。只要达人接受任务，运营者便可以与其达成合作。

6.1.4 做好店铺装修

优质的店铺装修，能够帮助运营者更好地引导用户下单。店铺装修不仅可以提高店铺页面的美观度，营造出购物氛围感，而且还可以让更多用户被店铺内容所吸引，主动购买商品，成为店铺的消费者，达到提高店铺转化率的目的。

店铺装修就是对店铺中的大促活动页、官方精选页、分类页和自定义页等页面进行设计，提高页面的美观度，给进入店铺的用户留下良好的第一印象。运营者可以进入抖店后台的"首页"页面，在左侧的导航栏中选择"店铺"|"店铺装修"选项，如图 6-9 所示。

图 6-9 选择"店铺装修"选项

执行操作后，即可进入"店铺装修"页面，运营者可以在左侧的导航栏中选择相应的页面进行装修设计，如图 6-10 所示。其中，官方精选页即商品橱窗精选页，对该页面进行装修设计可以起到突出主推商品、提高商品转化率等作用。

分类页是指店铺的橱窗分类页，对该页面进行装修设计可以更好地对商品进行分类整理，让用户更加快速、准确地找到需要的商品，从而达到提高商品转化率的目的。自定义页面是指按照自己的想法定义的页面，这种页面不固定在店铺中的某个位置，可以用于设置精选页海报的跳转链接页。通过自定义页的设置可以将同一类别、同一功效或同一活动的商品集合在一起，从而达到增加商品曝光量和提高店铺收益的目的。

图6-10　"店铺装修"页面

例如，在左侧的导航栏中选择"大促活动页"选项进入其页面，单击页面中的"装修页面"按钮，即可进入"大促承接页"页面，如图6-11所示。运营者可以将左侧的组件拖至中间的页面中，进行大促活动页的装修设计。设计完成后，单击页面右上方的"生效"按钮，即可保存大促活动页的装修效果。

图6-11　"大促承接页"页面

专家提醒

　　当然，店铺装修功能是有一些使用条件的，运营者只有保证店铺处于正常营业状态，并且完成店铺官方账号的绑定，才能进行店铺装修。另外，如果店铺有子账号，那么只有配置了店铺装修权限的子账号，才能进行店铺装修。

6.1.5 完善客服服务

在为用户提供售后服务的过程中，客服服务的质量无疑是非常重要的，只有客服服务的质量上去了，才能提升用户的满意度，从而在促进商品成交的同时，增加用户的复购率。

抖店的客服包括人工客服和机器人客服两类，相比于机器人客服，人工客服更有温度，并且往往更能提供用户需要的服务。在通过人工客服与用户进行沟通时，客服人员可以使用一些技巧增加用户的购物欲望。

例如，客服人员可以通过向用户发送优惠券，让用户更愿意在店铺中消费。需要说明的是，如果人工客服使用子账号接待用户，需要获得权限才能向用户发送优惠券。进入飞鸽客户端的聊天页面，单击输入框中的 ⊞ 图标；在弹出的"店铺优惠券"对话框中单击"前往商家后台创建更多优惠券＞"按钮，如图 6-12 所示。

图 6-12 单击"前往商家后台创建更多优惠券＞"按钮

执行操作后，进入抖店后台的"新建客服专享券"页面，在此即可创建客服专享券。然后再次返回飞鸽客户端的聊天页面，此时单击输入框中的 ⊞ 图标，即可在弹出的对话框中看到新建的客服专享券，单击该客服专享券中的"立即发送"按钮，即可将其发送给用户。

抖店还提供了飞鸽机器人客服，运营者可以使用该功能更好地为用户服务。与人工客服相比，飞鸽机器人客服具有自动提供服务、随时可提供服务、可同时服务多位用户和无须花费成本等优势。运营者可以进入抖店后台的"首页"页面，单击右上角的▣图标，如图 6-13 所示。

图 6-13　单击▣图标

执行操作后，进入飞鸽后台，在左侧的导航栏中选择"机器人设置"|"基础设置"选项进入其页面，在右侧窗口中开启"开通机器人"功能，并完成页面中的配置任务，即可使用机器人客服接待用户，如图 6-14 所示。

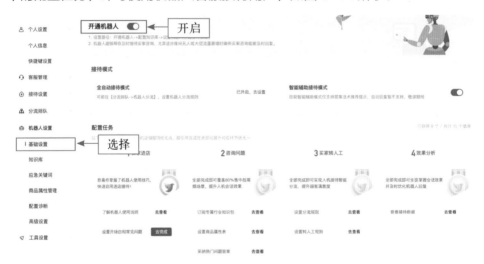

图 6-14　开启"开通机器人"功能

6.1.6　管理店铺订单

用户在通过抖音盒子平台购买抖店中的商品之后，运营者需要根据订单及时向用户发货，这既是履约，也是增加店铺复购率必须要做好的一件事。为了帮助运营者做好店铺订单管理、提高发货的效率，商家需要掌握一些订单管理的技巧。

其中，订单发货管理就是根据抖店的订单进行有序发货，抖店推出了"批量发货"功能，能够帮助运营者提高发货的效率。进入抖店后台，在左侧的导航栏

中选择"订单"|"批量发货"选项，进入"批量发货"页面，单击页面中的"下载模板"按钮，根据模板编辑订单信息；单击"立即上传"按钮，如图6-15所示，上传编写好的订单信息。

图6-15 单击"立即上传"按钮

执行操作后，页面左侧会显示上传的文件，同时页面右侧的"待发货"选项卡中会出现相关的订单信息。选中相应订单前方的复选框，单击页面下方的"批量发货"按钮即可，如图6-16所示。

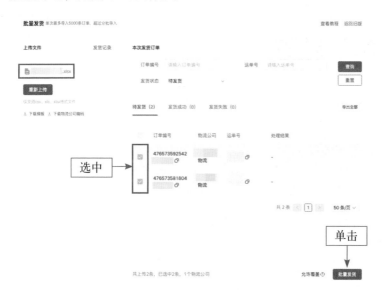

图6-16 单击"批量发货"按钮

另外，如果用户和运营者就商品的价格进行了商讨，或者运营者发现订单价格不正确，还可以通过抖店后台的"改价"功能修改订单中的商品价格。具

体方法是：进入抖店后台，在左侧的导航栏中选择"订单"|"订单管理"选项进入其页面，切换至"待支付"选项卡，单击对应订单中的"改价"按钮，如图 6-17 所示。

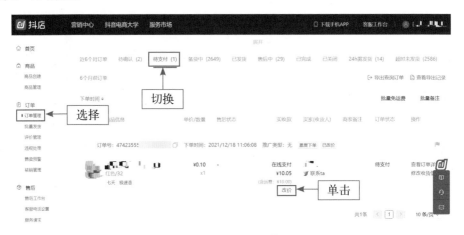

图 6-17　单击"改价"按钮

执行操作后，会弹出"改价"对话框，运营者可以利用"一键改价"功能快速修改价格，也可以在"改价"和"运费"文本框中自定义修改价格，同时系统会自动计算出"买家实付（含运费）"的价格，如图 6-18 所示。

图 6-18　"改价"对话框

6.2　产品运营：带货出单核心因素

对于抖店的运营工作来说，产品运营是带货出单的重中之重，包括选品、定价、上货等多个环节。运营者都知道抖店产品运营的重要性，仍然有很多人在产品运营的环节上遇到各种问题。本节将介绍产品运营的相关技巧，包括选品渠道、选品技巧、商品上架、上货服务、优化商品、打造卖点等内容。

6.2.1 扩展选品渠道

目前，抖店可用的选品渠道非常丰富，包括抖音选品广场、头部达人直播间、优质同行店铺、蝉妈妈等，运营者可以将所有与产品相关的渠道都尝试一遍，看看哪个渠道的产品质量最优、价格最低、供应链最完善。

下面以抖音选品广场为例，介绍利用该渠道选品的操作技巧。

（1）在抖音 App 中进入"我"界面，点击"商品橱窗"按钮，如图 6-19 所示。

（2）进入"商品橱窗"界面，在"精选联盟"选项区中点击"选品广场"按钮，如图 6-20 所示。

图 6-19 点击"商品橱窗"按钮

图 6-20 点击"选品广场"按钮

（3）进入"抖音电商精选联盟"界面的"选品中心"选项卡，运营者可以根据类目标签、商家榜单、热销榜单、爆款推荐、新品专区、短视频专区、9.9 秒杀、团长好货、品牌专区、趋势热卖以及精选推荐等功能筛选产品，如图 6-21 所示。在"精选推荐"选项区中，系统会根据运营者的历史推广记录和粉丝数量等情况，进行个性化的选品推荐。点击右上角的"链接"按钮，可以添加抖店或外部平台的商品链接。另外，在"合作商品"选项卡中，会根据合作类型展示内容，如专属推广、定向计划和运营者店铺等板块。

（4）运营者可以在搜索框中输入商品名称（或店铺名称），点击"搜索"按钮，在搜索结果中选择相应商品，如图6-22所示。

图6-21　"选品中心"选项卡　　　　图6-22　选择相应商品

（5）进入"商品推广信息"界面，在此可以查看该商品的佣金率、售价、预估每单利润、保障服务、近30天的推广数据和评价，确认该商品合适后可以点击"加入橱窗"按钮，将该商品添加到商品橱窗中，如图6-23所示。

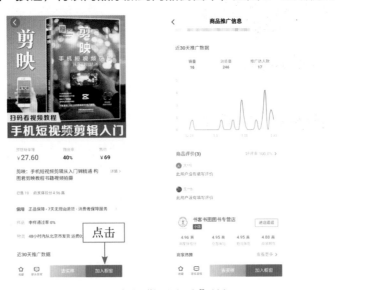

图6-23　点击"加入橱窗"按钮

（6）如果运营者还想进一步了解该商品，可以点击"详情"按钮进入商品详情页，查看该商品的详细介绍，并决定是否购买该商品，如图 6-24 所示。

图 6-24 商品详情页

6.2.2 掌握选品技巧

在抖音盒子平台上带货，选择的产品质量好坏，会直接影响用户的购买意愿，运营者可以从以下几点来选择带货的产品。

1. 选择高质量的产品

抖店中不能出现"假货""三无产品"等伪劣产品，这属于欺骗消费者的行为，平台会给予严厉的惩罚，因此运营者一定要本着对消费者负责的原则进行选品。

用户在运营者的店铺下单，必然是信任运营者，运营者选择优质的产品，既能加深用户的信任感，又能提高产品的复购率。因此，运营者在产品的选择上，可以从如图 6-25 所示的几点出发。

图 6-25 选择带货产品的出发点

2. 选择与人设定位相匹配的产品

如果是网红或者明星带货，在产品的选择上，首先选择符合自身人设的品牌。例如，作为一个"吃货"，运营者选择的产品一定是美食；作为一个健身博主，则运营者选择的产品可以是运动服饰、健身器材或者代餐产品等；作为一个美妆博主，则运营者选择的产品一定是美妆品牌。

其次，产品要符合运营者的人设性格。例如，某明星进行直播带货，这个明星的人设是"天真烂漫，活泼可爱"，那么她所带货的产品，品牌调性可以是有活力、明快、个性、时尚或者新潮等；如果运营者是认真且外表严谨的人设，那么他所选择的产品可以是侧重于高品质，具有优质服务的可靠产品，也可以是具有创新的科技产品。

3. 选择一组可配套使用的产品

运营者可以选择一些能够搭配销售的产品，进行"组合套装"出售，还可以利用"打折""赠品"的方式，吸引用户观看直播并下单。

用户在抖音盒子平台上购买产品的时候，通常会对同类产品进行对比，如果运营者单纯利用降价或者低价的方式，可能会让用户对这些低价产品的质量产生怀疑。

但是，如果运营者利用搭配销售产品的优惠方式，或者赠品的方式，既不会让用户对产品品质产生怀疑，也能在同类产品中体现出一定的性价比，从而让用户产生"买到就是赚到"的想法。

例如，在服装产品的直播间中，运营者可以选择一组已搭配好的上衣和裤子进行组合销售，既可以让用户在观看直播时，因为觉得搭配好看而下单，还能让用户省去自己搭配服饰的烦恼。因此，这种服装搭配的销售方式，对于不会穿搭的用户来说，既省时又省心，吸引力相对来说会更高。

4. 选择一组产品进行故事创作

运营者在筛选产品的同时，可以对产品进行创意构思，加上场景化的故事，创作出有趣的带货脚本内容，让用户在观看直播的过程中产生好奇心，并下单购买。

故事的创作可以是某一类产品的巧妙利用，介绍这个产品并非平时所具有的功效，而是在原有功能上进行了创新，在满足用户痛点（满足刚需）的同时，为用户带来更多痒点（满足欲望）和爽点（即时满足）。另外，内容的创意构思也可以是多个产品之间的妙用，或者是产品与产品之间的主题故事讲解等。

6.2.3　商品上架管理

运营者选到合适的商品后，即可将商品上架到抖店中，这样用户才能在抖音盒子平台上看到并购买你的商品。下面介绍在抖店平台中上架商品的具体操作方法。

（1）进入抖店后台的"首页"页面，在左侧的导航栏中选择"商品"|"商品创建"选项，如图 6-26 所示。

图 6-26　选择"商品创建"选项

（2）执行操作后，进入"商品创建"页面，在"选择商品类目"选项区中，根据商品类别选择合适的类目，然后单击"下一步"按钮，如图 6-27 所示。

图 6-27　单击"下一步"按钮

专家提醒

　　运营者需要先做好店铺的精准定位，然后根据这个定位选择商品类目，让店铺的整体风格统一，这样抖音盒子平台也可以给你的店铺打上明确的标签，同时匹配精准的用户去展现店铺。运营者可以通过店铺定位快速找到市场的着力点，并开发或选择符合目标市场的商品，避免店铺走弯路。

（3）执行操作后，进入"商品创建"页面的"基础信息"板块，如图6-28所示。在该板块中填写商品的相关信息，并单击"发布商品"按钮，即可提交商品的相关信息。接下来运营者只需根据系统提示设置商品的图文内容、价格、库存、服务与履约的相关信息，即可完成商品的创建。

图6-28 "基础信息"板块

6.2.4 借助上货服务

运营者如果有其他平台的店铺，也可以借助上货服务来批量添加商品，这样效率更高。运营者可以进入"抖店｜服务市场"后台的"首页"页面，在"管理工具"选项区中单击"一键搬家"或"一键上架"超链接，如图6-29所示。

图6-29 单击"一键上架"超链接

执行操作后，即可搜索到大量的上货服务，如图 6-30 所示。运营者可以根据销量、评分和发布时间等维度来选择合适的上货服务。

图 6-30　上货服务搜索结果

选择相应的上货服务后进入其详情页面，可以查看该服务的功能介绍、服务详情、使用教程和服务评价等内容，选择相应的版本和周期后，单击"立即订购"按钮即可订购该服务，如图 6-31 所示。上货服务可以抓取天猫、京东、微店、阿里巴巴、拼多多、淘宝等平台的店铺商品，快速地将其添加到抖店平台上。

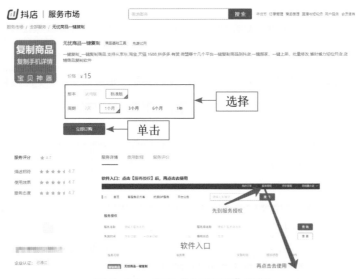

图 6-31　单击"立即订购"按钮

6.2.5 优化商品信息

抖店中的商品信息包括主图、标题、详情页，用户在抖音盒子平台上也能看到这些信息。其中，标题和主图是用户对商品的第一印象，运营者一定要反复琢磨如何优化商品信息才能吸引用户点进去看。详情页则保持客观真实即可，尽量与实物描述一致，切勿夸大宣传。

运营者可以通过抖店后台进入"商品成长中心"页面，查看系统自动对店铺中所有在售的商品进行问题评估的内容，如图6-32所示。运营者可以及时按照优化建议对商品进行优化，有助于规避商品的违规行为，提高商品点击率及转化率等指标，进一步完善店铺的总体经营情况。

图6-32　"商品成长中心"页面

在商品列表中，单击相应商品右侧的"详情"按钮，可以查看该商品的全部待优化内容和优化建议，如图6-33所示。单击"立即优化"按钮，即跳转至商品信息编辑页面，单击其中的输入框可在屏幕右侧查看修改提示和填写规则，如图6-34所示。运营者按照提示对商品进行优化后，单击"发布商品"按钮，审核通过后即可发布修改后的商品信息。

例如，优化商品标题的作用是为了让用户能搜索到、能点击该标题，最终进入店铺购买成交。标题优化的目的则是获得更高的搜索排名、更好的用户体验，更多的免费有效点击量。

商品的标题要能够体现出商品的品牌、属性、品名和规格等信息。商家在创建商品时，还需要在商品标题下方填写商品的相关属性。好的商品标题可以给商品带来更大的曝光量，能够准确地切中目标用户，所以运营者一定要重视标题。

图 6-33　查看商品的全部待优化内容和优化建议

图 6-34　商品信息编辑页面

　　系统会根据商品标题为商品贴上各种标签，当用户在抖音盒子平台上通过关键词搜索商品时，系统会匹配用户行为标签和商品标签，来优先推荐相关度高的商品。

　　运营者在做标题优化的时候，首要的工作就是"找词"，即寻找各种热门关键词，包括商品的款式、属性、价格以及卖点等，将这些做标题时要用到的关键词都记下来。标题的基本编写公式如下：

　　　　标题 = 商品价值关键词 + 商品商业关键词 + 商品属性关键词

　　另外，商品主图也是吸引用户点击的关键元素，运营者要将主图中的营销信息有效地传达给用户，让用户能够通过主图"秒懂"商品。

如图 6-35 所示，这张商品主图中的信息非常多，对于用户来说，显然是无法在一秒钟之内就看明白的。这样的话，用户很难快速地看出该商品与同类型产品有哪些差异化的优势，也无法精准对接用户的真实需求，自然也就很难得到用户的点击。

如图 6-36 所示，这个商品主图是一个场景应用图，甚至没有任何文案，却能够让用户快速了解商品的外观特点和使用场景，如果刚好满足他的需求，就很容易引起用户点击查看商品详情。

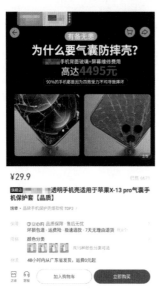

图 6-35　过于杂乱的图片示例

图 6-36　简单明了的图片示例

大部分用户在逛抖音盒子时，浏览速度是比较快的，可能短短几秒钟会看几十个同类型产品，通常不会太过注意图片中的内容。因此，运营者一定要在主图上放置能够引起用户购买兴趣的有效信息，而不能让信息成为用户浏览的负担。

主图对于商品销售来说非常重要，那些内容不全面、抓不到重点的主图引流效果可想而知，是很难吸引用户关注的。因此，运营者在设计商品主图时，一定要突出重点信息，将产品的核心卖点充分展现出来，并且加以修饰和润色。同时，对于那些无关紧要的内容，一定要及时删除，不要影响商品主图的信息表达。

6.2.6　打造产品卖点

运营者在抖音盒子平台上带货时，需要深入分析产品的功能并提炼相关卖点，然后亲自去使用和体验产品，并将产品卖点与用户痛点相结合，通过直播或短视频来展现产品的真实应用场景。打造产品卖点的 4 个常用渠道如图 6-37 所示。

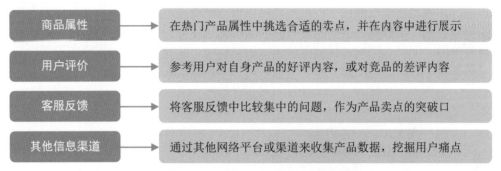

商品属性	→	在热门产品属性中挑选合适的卖点，并在内容中进行展示
用户评价	→	参考用户对自身产品的好评内容，或对竞品的差评内容
客服反馈	→	将客服反馈中比较集中的问题，作为产品卖点的突破口
其他信息渠道	→	通过其他网络平台或渠道来收集产品数据，挖掘用户痛点

图 6-37 打造产品卖点的 4 个常用渠道

总之，运营者只有深入了解自己所带货的产品，对产品的生产流程、材质类型和功能用途等信息了如指掌，才能提炼出产品真正的卖点。在做抖音盒子的内容时，运营者可以根据用户痛点需求的关注程度，来排列产品卖点的优先级，全方位地介绍产品信息，吸引用户加购或下单。

例如，女装产品的用户痛点包括外观、做工、舒适度、脱线、褪色以及搭配等，用户通常更在乎产品的款式和整体搭配效果。因此，运营者可以根据"流行元素＋上身效果＋材质细节＋设计亮点＋品质保障＋穿搭技巧"等组合来制作带货内容或进行商品详情页装修，相关示例如图 6-38 所示。

图 6-38 女装产品的详情页设计示例

运营者要想让自己的产品吸引用户的目光，就必须知道用户想要什么，只有抓住用户的消费心理来提炼卖点，才能让产品更吸引用户并促进他们下单。

对于店铺装修来说，并不是要设计得很美观大气，而是要能够充分体现商品的核心卖点，从而解决用户的痛点，这样他才有可能为你的商品驻足。例如，运营者卖的产品是收纳箱，收纳箱是用来装东西的，此时运营者便可体现出该产品"容量大"的特色，如图 6-39 所示。

图 6-39　收纳箱产品的详情页设计示例

运营者一定要记住，用户的痛点才是你产品的卖点。图文、短视频或直播等带货内容中展示的产品信息，如果与用户的实际需求相符合，能够表达出你的商品是他要寻找的东西，那么点击率自然就会高。

专家提醒

设计产品的带货内容时，一定要紧抓用户需求，切忌一味追求"高大上"，并写一些毫无价值的内容，运营者必须知道自己的目标人群想看什么。例如：如果你的目标人群定位是中低端用户，他们要的就是性价比高的商品；如果你的目标人群定位是中高端用户，则他们要的就是品质与消费体验。

第 7 章

产品引流：轻松打造抖音爆款

学前提示

在抖音盒子平台上带货，流量是至关重要的因素，没有流量货就无法卖出去，因此运营者需要掌握产品的引流技巧。目前，抖音盒子的引流渠道主要包括搜索流量、短视频、直播以及付费推广等，本章将介绍具体的引流方法。

7.1　搜索引流：精准、优质的被动流量

在抖音盒子平台上，由于用户有着非常明确的交易属性，因此搜索流量是非常精准、优质的被动流量，而且其转化率甚至不亚于短视频的流量。只要运营者的短视频文案或商品标题与用户搜索的关键字相匹配，就有机会获得展现并带来流量和转化。本节主要介绍提升搜索流量的相关技巧，帮助运营者使用抖音盒子快速打造爆款、提升口碑、引爆流量以及做成品牌。

7.1.1　提升流量的精准性是前提

对于电商行业来说，流量的重要性是不言而喻的，很多商家使用各种各样的方法来为店铺和产品引流，目的就是希望能够提升产品销量，打造爆款。流量的提升说难不难，说容易也不容易，关键是看你怎么做，舍得花钱的可以采用付费渠道来引流，规模小的店铺则可以充分利用免费流量来提升产品曝光量。

这一点在抖音盒子平台上也是殊途同归，运营者所做的图文、短视频或直播内容，都要围绕能够直接种草或引流到直播间，并为最终 GMV 转化而服务。也就是说，流量一定要精准。

例如，很多运营者在抖音盒子上拍摄段子，然后在剧情中植入商品。拍段子相对来说更容易吸引用户关注，也更容易产生爆款内容，能够有效触达更多的用户，但获得的往往是"泛流量"，用户关注的更多的是内容，而不是商品。很多运营者内容做得非常好，但转化效果却很差，通常就是流量不精准造成的。

当然，并不是说这种流量一无是处，有流量自然好过没有流量，但运营者更应该注重流量的精准度。如果一定要拍段子，那么就要注意场景的代入，在段子中突出产品的需求场景及使用场景，这样的内容会更符合抖音盒子的算法机制，从而获得更多曝光量。

7.1.2　整合视频搜索与电商业务

如今，搜索业务已经成为抖音盒子乃至整个"字节系"产品的重中之重，未来将更加深度地整合搜索与电商业务。为此，今日头条还专门发布了《2021 今日头条年度搜索报告》，从年度热词、新闻等多个维度回顾了过去一年中人们搜索的内容，如图 7-1 所示。从今日头条的搜索数据量来看，字节跳动公司的搜索业务已经非常成熟了，在抖音电商中布局搜索功能也会变得更加如鱼得水，而且抖音上某些关键字的搜索指数甚至已经超过了百度。

另外，抖音还向百度搜索开放了索引，这就意味着用户可以在百度中直接搜索到抖音的内容，如图 7-2 所示。

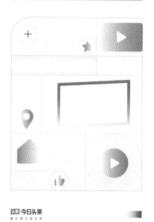
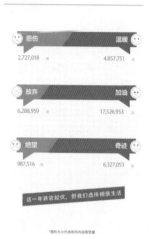

图 7-1　《2021 今日头条年度搜索报告》的部分数据

图 7-2　在百度中可以直接搜索到抖音的内容

对于运营者来说，其发布的作品可以获得来自百度的搜索流量，从而触达更多的抖音站外流量。而且，搜索流量是一种长尾流量，一旦布局将终身受益，最重要的是这种流量完全是免费的。

专家提醒

长尾流量是指前期和后期都可以获得流量，具有长尾效应。

7.1.3　解析抖音盒子的搜索流量

搜索优化是每个电商运营者必须知道的技术，目的是让更多的人知道或者看到自己店铺内的商品。

在抖音盒子 App 的"首页"界面上方，可以看到一个"搜索潮流好物"的搜索框，如在其中输入关键词"美甲"，下面就会自动弹出"美甲"的关键词信息，如"美甲贴片""美甲饰品""美甲工具套装"等，如图 7-3 所示。

在搜索结果中，系统会根据店铺好评率、产品销量等维度进行综合排序，将热卖商品排在前面，如图 7-4 所示。

图 7-3　"美甲"的关键词信息

图 7-4　"美甲"关键词搜索结果

抖音盒子通过完善搜索功能，不仅可以让流量的分配变得更加均衡，而且还能够降低对平台算法机制的依赖，同时也从侧面证明了平台上商品种类的丰富度，达到满足用户搜索下单的需求。

抖音盒子的自然搜索流量排名规则主要包括综合、销量和价格等排序方式，同时还可以搜索相关的直播、视频 / 直播和用户，下面分别进行介绍。

1. 综合排序

综合排序主要是根据运营者的商品在一段时间内产生的销量、价格、质量、售后和商品评分等条件，进行综合评分来排名并更新的。例如，在搜索"女鞋夏"关键词后，点击"综合"按钮即可采用综合排序方式排列所有商品，如图 7-5 所示。

运营者可以通过提高商品质量分，或者利用推广工具提升商品的基础数据，来提升综合排序的自然搜索排名。

2. 销量排序

销量排序主要是根据商品近期的销量数据进行排名，并采用个性化的展示逻辑。采用销量排序方式，排在前面的商品基本是销量上万的商品，如图 7-6 所示。

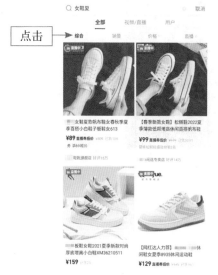

图 7-5　综合排序

图 7-6　销量排序

不过，细心的运营者会发现，很多商品销量明明很少，但却也能够排在前面。这是因为销量排序依据的是商品最近一段时间的销量，而搜索结果页面展现的是商品的总销量，所以只要做好近期销量，就能获得更好的销量排名。

3. 价格排序

价格排序主要是根据商品价格从高到低或者从低到高进行排序的，并采用个性化的展示逻辑，如图 7-7 所示。运营者可以通过提高商品质量分，或者利用付费推广和营销活动等方式提升商品权重，从而获得更好的价格排名。

4. 直播搜索

用户可以点击"直播"按钮，筛选出所有正在卖"女鞋夏"产品的直播间进行下单购买，如图 7-8 所示。即使是新开通的抖店，只要运营者利用好直播带货，也可以在抖音盒子平台上获得较高的搜索权重。

5. 视频 / 直播搜索

视频 / 直播的搜索结果采用的是信息流的展现模式，展现所有与搜索关键词相关的视频和直播内容，如图 7-9 所示。视频 / 直播搜索的主要依据包括视频标题文案、话题、达人名字和店铺名称等。

图 7-7　价格排序

图 7-8　直播搜索

6. 用户搜索

点击"用户"按钮，可以搜索到所有与关键词相关的运营者账号，如图 7-10 所示。在"用户"搜索结果页面中，只要运营者的名字中包含了用户搜索的关键词，就能被用户搜索到，同时还可以直接订阅。

图 7-9　视频／直播搜索

图 7-10　用户搜索

7.1.4　搜索流量排名的原理解析

搜索流量主要来自抖音盒子 App 的搜索入口，搜索流量不但是免费流量，而且非常精准，能够有效提高商品的转化率。例如，某用户在抖音盒子上搜索"床单三件套"时，他在搜索结果中找到并点击了你的店铺商品，而你却没有做任何宣传广告，这就是免费的搜索流量，如图 7-11 所示。

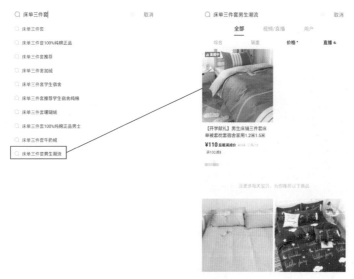

图 7-11　搜索流量示例

搜索排名受到诸多因素的影响，具体包括商品标题、关键词适配度、上架时间、点击率、转化率、产品类目、销量、客单价、售后服务、质量评分和商品评价等，这些因素对于搜索排名的影响作用有大有小，同时搜索结果还会遵循个性化的展示逻辑。

做过抖音盒子或者其他电商平台的运营者，都知道商品标题的重要性，但对于为什么要做好标题，标题到底有什么作用，大家都是一知半解。正确的标题一般遵循以下两个方面。

效果：获得的搜索词组合越多越好，同时搜索人气越高越好。

前提：标题中的关键词与产品高度相关，不要顾虑这些词的竞争度。

运营者在设计商品标题时，可以采用包含性规则，也就是说，在商品标题中是否必须包含某个关键词，才能被用户搜到。例如，"女士短裤"这个商品，在标题中不体现"士"这个词，能不能被用户搜索出来，如图 7-12 所示。

从图 7-12 中可以看到，搜索"女士短裤"这个关键词时，在一些商品标题中，部分词并没有完全连在一起出现，说明这个关键词是可以拆分的，如"短裤""女"和"士"都是可以分开的。

图 7-12　搜索不同关键词的结果

因此，运营者只要在对应类目中找到符合商品属性的关键词，然后经过拆分组合形成标题即可。也就是说，标题经过拆分组合可以形成更多的词组。因此，在拟写商品标题的时候，运营者不要只按照常规顺序来选词，还要分析更多潜在的关键词组合，否则会错过很多搜索流量。

搜索流量的基本公式为：搜索流量＝搜索展现量 × 搜索点击率。其中，搜索展现量是由平台决定的，而搜索点击率则是由用户决定的。在这两个指标中，运营者都可以进行优化调整，来提升搜索流量。在抖音盒子平台上，要想使商品获得展现量和流量，还必须了解搜索流量的构成模型，如图 7-13 所示。

搜索流量
的构成模型

商品标题：是商品展示的根基，是流量的主要入口

商品销量：是影响搜索的最大因素，相当于给用户提供一个关键性的"购买建议"

综合排序：综合排序与成交量、好评率、收藏量、上下架、转化率、橱窗推荐、复购率、质量分等因素相关，而且这些因素及其权重会随着时间或具体场景的变化而发生变化

图 7-13　搜索流量的构成模型

当用户搜索一个关键词的时候，抖音盒子的搜索机制就会在后台筛选相关的商品，最终选择 SEO（Search Engine Optimization，搜索引擎优化）做得好的商品展示在前面。如果运营者在发布商品时，类目属性放错了，或者商品的标题不够准确，抑或是店铺的相关性不够高，商品就会被搜索引擎筛选掉，这是抖音盒子 SEO 精准性"小而美"的体现，也是所有运营者需要注意的地方。搜索优化的关键指标如图 7-14 所示。

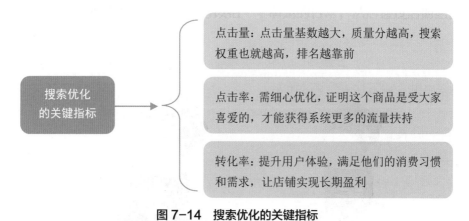

搜索优化的关键指标

点击量：点击量基数越大，质量分越高，搜索权重也就越高，排名越靠前

点击率：需细心优化，证明这个商品是受大家喜爱的，才能获得系统更多的流量扶持

转化率：提升用户体验，满足他们的消费习惯和需求，让店铺实现长期盈利

图 7-14　搜索优化的关键指标

专家提醒

权重是一个相对概念，是针对某一指标而言，如抖音盒子上的权重就是平台根据商品表现给出的一个估值，可用于评估商品获取流量和排名的能力。

在相同的推广费用下，商品的点击率越高，则获得的点击量就会越大，平均点击扣费（获客成本）相对来说就会越低，即商家的盈利就会越多。

搜索排名的匹配是由商品标签（所在类目、属性、标题关键字）和用户标签共同决定的。其中，用户标签的组成部分如下。

（1）用户基本属性：用户在注册平台账号时设置的基本资料，如年龄、地区、性别等，这些资料会形成部分基本标签。不过，用户可能会随时修改这些资料，因此这种标签的稳定性比较差。

（2）用户行为标签：用户浏览、加购、购买某个商品的记录，形成用户行为标签，这种老顾客标签对于搜索结果的影响非常大。

如果运营者无法在短期内快速拉新，不妨回头看看自己的老顾客，这些老顾客的作用是新客户无法替代的。维护老顾客不仅可以帮助运营者减少广告支出、沟通成本和服务成本，还能获得相对稳定的销量。运营者在打造爆款产品时，可以转换一下思路，利用用户标签来吸引和维护店铺的老顾客，让店铺的生意更长久、更火爆。

同时，搜索引擎会计算出商品的综合分数，综合分数越高，在综合排序中排在前端的时间就越长。最后，系统会按照所有商品各自获得的综合分数来排序，将其一个个排列在搜索结果页面中，等待用户选择和点击。当然，如果店铺还没有老顾客，则运营者可以根据产品的人群定位来选择精准的关键词作为引导标签，并通过优化商品"内功"，来给商品打上精准的用户标签。

7.1.5 优质标题关键词布局技巧

关键词的英文是Keywords，指的是用户在搜索时输入的能够表达用户个体需求的词汇。关键词在抖音盒子平台上起到用户索引和匹配商品的作用。系统通过搜索识别商品标题，将商品标题拆分成词根，进行检索匹配。图7-15所示为关键词的排序规则。

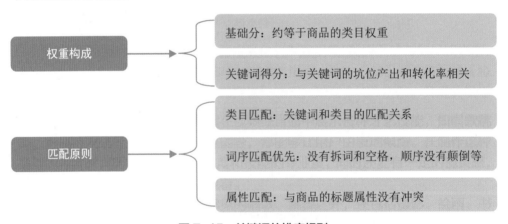

图7-15 关键词的排序规则

关键词匹配的4大逻辑如图7-16所示。运营者在设置商品标题的关键词时，注意采用热词优先的基本原则，即根据后台的数据，先布局热搜词和热搜词的下拉词作为标题。同时，运营者在制作标题时还需要注意设置合理的词序。

从关键词的属性来看，关键词可以分为物理属性关键词和抽象属性关键词。

（1）物理属性关键词：从商品的图片上即可看出来的关键词。例如，"高腰""A字裤""阔腿""短裤"这些词都属于物理属性关键词，如图7-17所示。

（2）抽象属性关键词：是指概念和人群需求比较模糊，难以界定属性的产品关键词。如图7-18所示，标题中的"秋冬季新款""显瘦""百搭"等关键词，在图中并不能很好地进行判断和界定，因此这些关键词就是抽象属性关键词。

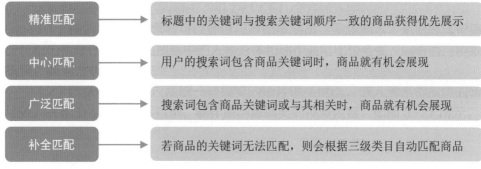

精准匹配	→	标题中的关键词与搜索关键词顺序一致的商品获得优先展示
中心匹配	→	用户的搜索词包含商品关键词时，商品就有机会展现
广泛匹配	→	搜索词包含商品关键词或与其相关时，商品就有机会展现
补全匹配	→	若商品的关键词无法匹配，则会根据三级类目自动匹配商品

图 7-16　关键词匹配的 4 大逻辑

图 7-17　物理属性关键词示例

图 7-18　抽象属性关键词示例

　　用户在抖音盒子平台上搜索某个商品关键词时，在众多商品中，系统有一个搜索排名规则，那就是搜索排名越靠前，在展现页面的位置也会相应地靠前。其中，这个搜索排名就是靠关键词权重来衡量的。自然搜索流量可以为店铺带来最精准的访客，转化和销量自然也会更好。优化关键词权重的要点如图 7-19 所示。

　　关键词的选择精髓在于两个字——"加减"，运营者需要不断地通过数据的反馈来加关键词或者减关键词。选择关键词的相关技巧如下。

　　（1）关键词的数量足够多。在商品标题中，精准关键词的数量越多，获得的曝光量就越大。

（2）关键词的搜索热度高。搜索热度是指关键词搜索次数，数值越大，代表搜索次数越多。搜索热度低的关键词说明其搜索人气也非常低，搜索该关键词的用户群体自然也会很少，从而影响关键词的整体曝光量。

（3）选取的关键词要足够精准。如果运营者选择的关键词与商品属性相差比较大，或者毫无关系，也会影响商品的整体曝光量。

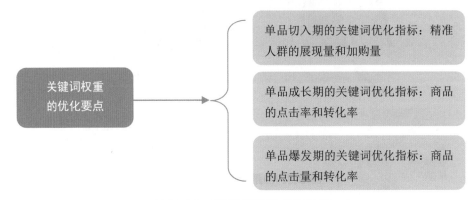

图 7-19　关键词权重的优化要点

7.2　吸粉引流：快速为产品带来销量

如今，短视频和直播已经成为新的流量红利阵地，具有高效曝光、快速涨粉和有效变现等优势。另外，运营者还可以利用站外渠道给自己的直播间、短视频引流，在增加账号粉丝量的同时，为产品带来更多流量和销量。

7.2.1　爆款种草视频免费引流

"种草"是一个网络流行语，表示分享推荐某一商品的优秀品质，从而激发他人购买欲望的行为。如今随着短视频的火爆，带货能力更好的种草视频也开始在各大新媒体和电商平台中流行起来。

相对于图文内容来说，短视频可以使产品种草的效率大幅提升。因此，种草视频有着得天独厚的引流和带货优势，可以让用户的购物欲望变得更强烈。其主要优势如图 7-20 所示。

因此，抖音盒子 App 中也设置了拍摄和上传种草视频的功能，该功能与抖音 App 的功能基本相似，目的是激励更多年轻人群体成为好物分享达人。种草视频不仅可以告诉潜在用户你的产品如何如何好，还可以快速建立信任关系。种草视频的基本类型如图 7-21 所示。

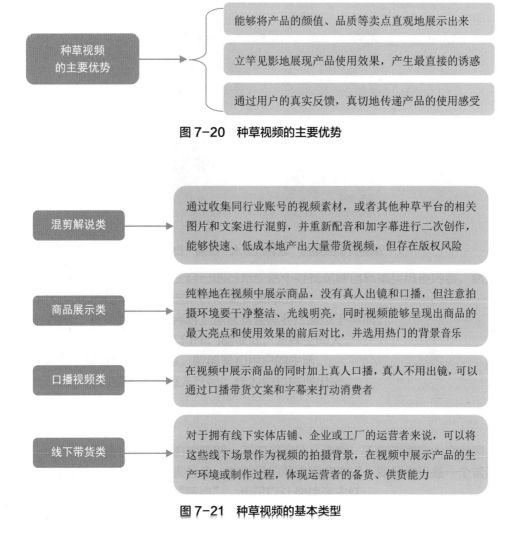

图 7-20　种草视频的主要优势

图 7-21　种草视频的基本类型

如图 7-22 所示，通过将产品的加工车间或仓库作为视频拍摄背景，将产品的原始面貌展现给用户，使画面更真实，更容易实现转化。

任何事物的火爆都需要借助外力，而爆品的打造升级也是如此。在这个产品繁多、信息爆炸的时代，如何引爆产品是每一个抖音盒子运营者都值得思考的问题。从种草视频的角度来看，打造爆款需要做到，如图 7-23 所示的几点。

 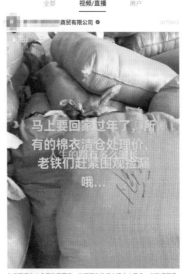

图 7-22　将产品的加工车间或仓库作为视频拍摄背景

打造爆款种草视频的关键点

- 视频前3秒展现精华，快速地把用户带入营销场景
- 提供商品之外的有价值或能产生情感共鸣的信息
- 真实地还原产品的使用体验和效果，可信度要高
- 建立独有的标签打造人设，形成个性化的辨识度

图 7-23　打造爆款种草视频的关键点

7.2.2　Dou +付费推广工具引流

"DOU +上热门"是一款视频"加热"工具，可以实现将视频推荐给更多感兴趣的用户，提升视频的播放量与互动量，以及带货产品的点击率。运营者可以将在抖音盒子上发布的视频同步到抖音平台，然后在抖音上打开该视频，点击"分享"按钮**，在弹出的"私信分享给"菜单中点击"上热门"按钮，如图 7-24所示。执行操作后，即可进入"DOU +上热门"界面，如图 7-25 所示。

在"DOU +上热门"界面中，运营者可以选择智能推荐人数和推广目标，系统会显示预计转化数并统计投放金额，确认支付即可。在"投放目标"选项区中，运营者可以设置期望提升的目标，包括点赞评论量、粉丝量和线索量，如图 7-26 所示。在"把视频推荐给潜在兴趣用户"选项区中，选中"自定义定向推荐"单选按钮，还可以设置潜在用户的性别、年龄、地域、兴趣标签和达人相似粉丝等属性，如图 7-27 所示。

图 7-24　点击"上热门"按钮

图 7-25　"DOU +上热门"界面

图 7-26　选择投放目标

图 7-27　"自定义定向推荐"设置

"DOU＋上热门"工具适合有店铺、有产品、有广告资源、有优质内容等账号流量不足的运营者。投放 DOU＋的视频必须是原创视频，内容完整度高，视频时长超过 7 秒，且没有其他 App 水印和非抖音站内的贴纸或特效。

需要注意的是，系统会默认推荐给可能感兴趣的用户，建议有经验的运营者选择自定义投放模式，根据店铺实际的精准目标消费群体选择投放用户。投放 DOU＋后，运营者可以在设置界面中选择"DOU＋订单管理"选项进入其界面，查看订单详情。只要运营者的内容足够优秀，广告足够有创意，就有很大概率将这些用户转化为留存用户，甚至变为二次传播的跳板。

7.2.3 小店随心推付费推广引流

"小店随心推"是一款专用于推广抖音小店商品的轻量级广告产品，是为了适配电商营销场景而打造的 DOU＋电商专属版本，与抖店的结合更紧密，有助于电商营销新手在移动端更好地推广店铺商品。

运营者可以进入抖音 App 的创作者服务中心，在"通用能力"选项区中点击"小店随心推"按钮进入其界面，选择推广视频或直播，如图 7-28 所示。

图 7-28 "小店随心推"界面

例如，点击"直播推广"按钮后选择要推广的直播间，并设置相应的投放金额、直播间优化目标、想吸引的观众类型、加热方式、期望曝光时长和支付方式，点击"支付"按钮即可创建直播推广计划，如图 7-29 所示。

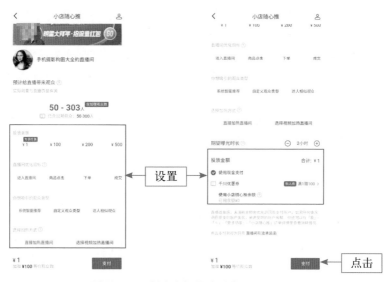

图 7-29　创建直播推广计划

7.2.4　使用直播间主播券引流

主播券是针对开通了精选联盟功能的达人，可以帮助达人提升所带货品销量，以及帮助商家提升收益。需要注意的是，主播券的成本由带货达人来承担，商家付出的佣金和最终的货款收入不受影响。

商家可以在抖店后台的顶部菜单栏中选择"营销中心"选项进入其页面，然后在左侧的导航栏中选择"精选联盟"|"营销设置"选项，如图 7-30 所示。

图 7-30　选择"营销设置"选项

进入"营销设置"页面，在左侧的"基础设置"菜单中选择"主播券设置"选项进入其页面，在右侧窗口中单击"立即授权"按钮，如图 7-31 所示。授权后，所有的带货达人都可对店铺内所有精选联盟中的商品创建主播券。

图 7-31　单击"立即授权"按钮

例如，某商品的价格为 200 元，商家设置了 20% 的佣金比例，带货达人为该商品带货时创建了面额为 10 元的主播券，则用户下单时只需实际支付 190 元，另外 10 元由主播支付给商家，但商家仍按照 40 元佣金结算给带货达人。

带货达人设置了主播券后，相当于带货达人将自己的部分佣金让利给了用户，从而为产品带来更多销量。同时，用户需要关注带货达人才能领券购买商品，如图 7-32 所示。这种引流方式对于精准用户的吸引力极大，能够快速增加带货达人的粉丝量。

图 7-32　主播券的用户侧展示及领取界面

7.2.5　通过直播预告引流

很多主播在直播过程中，都遇到过引流效果差、直播观看人数不稳定、缺少粉丝互动等问题。另外，对于用户来说，也有可能会遇到自己喜欢的主播开播了，但自己却不知道的情况，从而错过了精彩的内容和优质的商品。

下面介绍两种通过直播预告快速引流吸粉的方法，帮助主播让自己的直播间触达更多潜在用户，提升直播间的精准推荐与转化效果。

1. 利用直播预告贴纸吸粉

主播可以发布直播预告视频，将直播时间和主题提前告诉用户，提升看播量和流量转化效率，同时还可以进行精准"种草与收割"。另外，主播还可以分析直播预告视频的观看和互动数据，提前预估直播流量，做好充分的准备工作，为直播间观众带来更好的互动体验。下面介绍设置直播预告贴纸的操作方法。

（1）在抖音 App 中拍摄或上传一段直播引流短视频，进入视频编辑界面，点击"贴纸"按钮，如图 7-33 所示。

（2）在弹出的"贴图"面板中，选择"直播预告"贴纸，如图 7-34 所示。

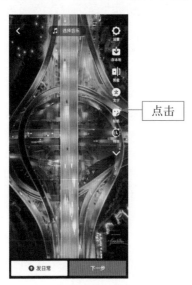

图 7-33　点击"贴纸"按钮

图 7-34　选择"直播预告"贴纸

（3）弹出"选择开播时间"对话框，选择相应的开播时间，如图 7-35 所示。

（4）点击"确认"按钮，即可添加"直播预告"贴纸，按住贴纸并拖曳，可以调整贴纸的摆放位置，如图 7-36 所示。

图 7-35　选择相应的开播时间

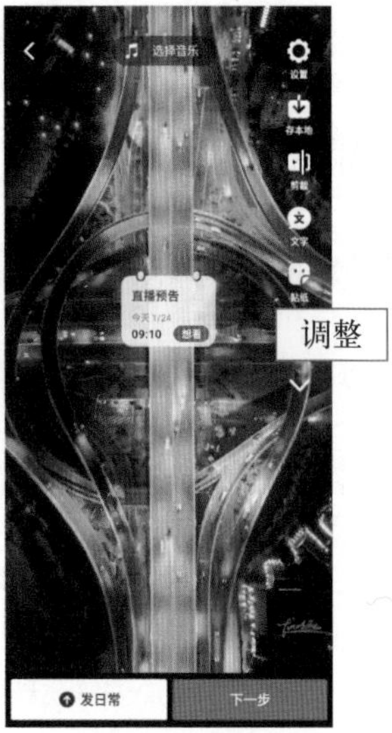

图 7-36　调整贴纸的摆放位置

（5）发布直播预告视频后，即可在短视频界面中显示"直播预告"贴纸，如图 7-37 所示。同时，主播也会在开播前收到相应的预告开播提醒。

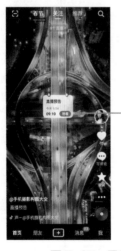

用户看到直播预告视频后，可以点击预告贴纸中的"想看"按钮进行预约，不管预约的用户是否关注了主播，都会收到主播开播的推送消息

图 7-37　显示"直播预告"贴纸

2. 主播个人页直播动态吸粉

主播可以在自己的个人主页中设置与修改直播公告，当用户访问主播的主页时，可以随时在"直播动态"栏中看到主播发布的直播公告信息，点击后进入其详情界面，点击"想看"按钮进行预约即可，如图 7-38 所示。

图 7-38　"直播动态"的展示位置和详情界面

下面介绍设置"直播动态"的操作方法。

（1）在抖音 App 中进入"开直播"界面，点击"设置"按钮，如图 7-39 所示。

（2）弹出"设置"对话框，选择"直播公告"选项，如图 7-40 所示。

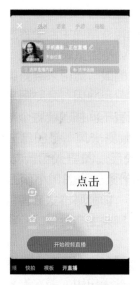

图 7-39　点击"设置"按钮

图 7-40　选择"直播公告"选项

（3）弹出"直播公告"对话框，选择"开播时间"选项，如图 7-41 所示。

（4）弹出"预告开播时间"对话框，选择相应的开播时间，点击"保存"按钮，如图 7-42 所示。

图 7-41　选择"开播时间"选项　　　　图 7-42　点击"保存"按钮

（5）返回"直播公告"对话框，输入相应的公告内容，如图 7-43 所示。

（6）点击"保存"按钮，即可添加直播公告，如图 7-44 所示。等待系统审核通过后，直播公告就可以展示到主播的个人主页中。

图 7-43　输入相应的公告内容

图 7-44　添加直播公告

在主播的"直播动态"详情界面，所有粉丝都可以看到主播过去直播场次的历史回顾，让开播历史有迹可循，同时让主播形象更加丰富立体。对于新用户来说，可以通过直播动态的回顾加强与主播的互动与情感共鸣，增加用户黏性，促进转化率。

3. 直播引流的相关技巧

下面笔者总结了直播引流的一些相关技巧。

（1）开播预热：在直播开始前 3 小时左右，发布一个短视频进行预热，这样开播时能够快速吸引粉丝进入直播间观看。

（2）同城定位：主播可以开启直播间的同城定位功能，吸引更多附近的粉丝观看直播，如果附近的人比较少，也可以切换定位地点。

（3）直播预告：主播可以在个人主页的简介区中，发布直播预告，告诉粉丝你的直播时间和主题。

（4）开播时间：主播必须根据自己的粉丝群体属性来确定开播时间，确保在你开播时粉丝也有空，这样直播时才会有更多粉丝观看。

（5）标题封面：好看的封面能够让直播间获得更多曝光量，标题要尽量突出主播的个人特点和内容亮点，展示主要的直播内容。

（6）分享直播间：当主播开播后，可以将直播间分享给好友和粉丝，同时充分展示自己的才艺，并通过各种互动玩法提升直播间人气。

（7）参与直播活动：主播也可以积极参与平台推出的直播活动，赢取更多曝光机会和流量资源。

7.2.6　利用私域流量引流

运营者可以将自己的带货短视频或直播间分享给微信好友、朋友圈、QQ 空间以及微博等社交媒体平台，通过私域流量来给产品引流。

在社交媒体上发布带货内容时，由于一些不恰当的刷屏，会常常受到好友或粉丝的排斥、屏蔽、拉黑，不但使带货效果大打折扣，还会影响与好友的关系。

运营者要想在社交媒体上赢得好友和粉丝的好感、增加信任度，需要多提升自己的存在感。例如，颜值高的运营者可以展现帅气甜美的形象，颜值越高吸引力就越强，可以间接引发情感上的共鸣。

在社交媒体上，运营者在进行营销时除了发产品的短视频和基本信息以外，还可以分享一些工作内容、工作环境、工作进展等，这些都是与粉丝增进关系的情感利器。

下面以微信为例，介绍将抖音盒子的种草视频分享给微信好友的操作方法。

（1）打开要分享的视频，点击"更多"按钮，如图 7-45 所示。

（2）弹出"更多"对话框，点击"微信好友"按钮，如图 7-46 所示。

图 7-45　点击"更多"按钮　　　　图 7-46　点击"微信好友"按钮

（3）执行操作后，手机会自动下载该视频，并显示下载进度，如图 7-47 所示。

（4）下载完成后，弹出"分享至"对话框，运营者可以通过"发送视频到微信"或"复制口令给好友"两种方式来分享视频，如图 7-48 所示。

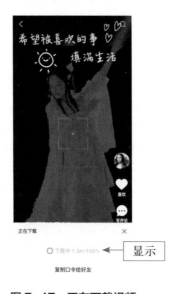

图 7-47　正在下载视频　　　　　图 7-48　视频分享方式

如图 7-49 所示，分别为两种视频分享方式的展示效果。相比之下，通过"发送视频到微信"的方式虽然需要下载视频，但其展示效果更好，收到视频的用户直接在微信聊天界面中点击该视频，即可打开查看视频内容，同时还会展示运营者的抖音盒子账号，引流效果更好，如图 7-50 所示。

图 7-49　展示效果　　　　　　图 7-50　查看视频内容

7.2.7　利用自媒体渠道引流

随着传统电商遇到流量天花板，拥有可以直达消费者的自媒体，成为电商发展的新方向。无论是大的企业，还是小的个人，都可以通过自媒体渠道吸粉引流，构建起自己的"用户池"。同时，各种自媒体平台不断升级电商功能，引导自媒体人运营自己的私域流量，通过短视频和直播这种大众喜闻乐见的内容形式，让粉丝留下来实现持续变现。

例如，今日头条是一款基于用户数据行为的推荐引擎产品，同时也是短视频内容发布和变现的一个平台，可以为消费者提供较为精准的内容。

打开并登录今日头条，点击右上角的"发布"按钮，在弹出的菜单中可以点击"拍小视频"或"发视频"按钮来发布短视频，如图 7-51 所示。如点击"发视频"按钮，选择并适当剪辑要上传的抖音盒子视频后，进入"编辑信息"界面，输入标题和简介，如图 7-52 所示。点击"发布"按钮，即可将带货视频发布到今日头条平台，为产品引流。

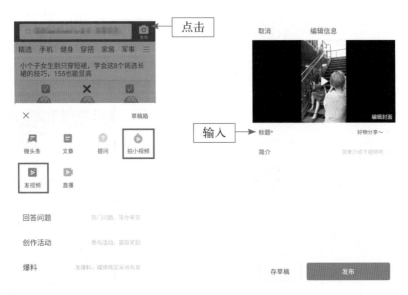

图 7-51　选择短视频发布方式　　　　　图 7-52　"编辑信息"界面

第 8 章
营销推广：提升下单转化效果

学前
提示

在抖音盒子平台上，通过营销推广可以快速获得粉丝，挖掘平台上更多的隐性流量，给产品和店铺带来更多的展示机会，让产品彻底抓住用户的心。因此，对于商家和运营者来说，营销推广是一个很大的逆袭机会，能够获得长久的流量曝光和转化效果。

8.1 优惠促销：刺激用户下单

优惠券是抖音盒子商家最常用的营销工具，能够快速提升 GMV 和销售额，是商家打造爆款的"不二法宝"。很多用户在抖音盒子平台上购买商品时，都希望能够获得一些优惠。此时，商家和运营者便可以使用各种优惠券进行促销，让用户觉得商品的价格更划算。本节就来为大家介绍抖音电商平台上优惠券的使用方法。

8.1.1 商品优惠券

商品优惠券是针对店铺中的指定商品使用的优惠券，可以帮助商家和运营者实现爆款促销和交易额破零等目标。同时，商品优惠券也是一种间接、灵活的价格调整策略，能够帮助商家和运营者有效地打败竞品和打造爆款。

下面介绍创建商品优惠券的操作方法。

（1）进入抖店后台，单击菜单栏中的"营销中心"按钮，如图 8-1 所示。

图 8-1　单击"营销中心"按钮

（2）进入"抖店｜营销中心"页面，在左侧的导航栏中选择"营销工具"｜"优惠券"选项，进入"新建优惠券"页面，在"商品优惠券"选项区中单击"立即新建"按钮，如图 8-2 所示。

（3）进入"新建商品优惠券"页面，在此设置优惠券名称、优惠券类型（指定商品直减券、指定商品折扣券、指定商品满减券）、满减面额、领取时间、使用时间、日期范围和发放量，如图 8-3 所示。

（4）设置完成后单击"提交"按钮即可，用户在商品的优惠信息中便可以看到和领取相应的商品优惠券，如图 8-4 所示。

图 8-2　单击"立即新建"按钮

图 8-3　"新建商品优惠券"页面

图 8-4　商品优惠券展示效果

8.1.2　店铺粉丝券

店铺粉丝券是指用户关注店铺即可获得的优惠券，能够帮助店铺快速获取大量粉丝。图8-5所示为店铺粉丝券的设置页面，其基本选项与商品优惠券的一致。

图 8-5　店铺粉丝券的设置页面

商家可以使用创建了店铺粉丝券的账号进行直播，点击直播界面下方的购物车图标 🛒，如图8-6所示，弹出"直播商品"对话框，点击"发券"按钮，如图8-7所示。

图 8-6　点击购物车图标

图 8-7　点击"发券"按钮

弹出"优惠券"对话框，点击"粉丝专享"优惠券中的"立即发券"按钮，如图 8-8 所示，即可将店铺粉丝券发布到直播间中。主播在直播间讲解商品时，可以口播优惠券的促销信息，多方位加强用户对优惠的感知。

图 8-8 点击"立即发券"按钮

店铺粉丝券是商家通过店铺绑定的官方账号直播间来发放的，用户需要关注该抖音盒子账号才能领取。这样做有助于将直播间的用户转化为自己的粉丝，提升直播间的涨粉能力。同时，商家通过发放粉丝专享福利，还有助于增强用户黏性。

8.1.3 达人粉丝券

达人粉丝券是一种由商家创建然后指定给相应达人发放的定向渠道优惠券，其成本由商家承担，可以实现同一商品在不同达人带货时有不同的价格。达人粉丝券有助于提升合作达人的直播间转化效果，同时有助于提升达人的用户黏性，实现合作共赢。

图 8-9 所示为达人粉丝券的设置页面，该页面比商品优惠券的设置页面多了一个"达人 uid"选项，商家需向合作达人咨询获取。

图 8-9 达人粉丝券的设置页面

达人进入抖音 App 的"设置"界面，在该界面底部点击灰色文字，如图 8-10 所示。苹果手机需点击 4 次，安卓手机需点击 5 次，即可看到抖音 uid（UserId，使用者辩证码），如图 8-11 所示。

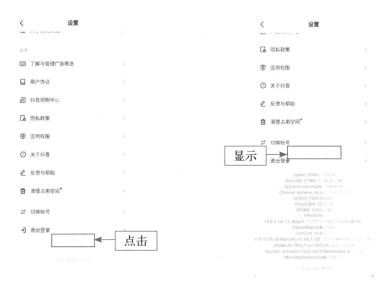

图 8-10　点击灰色文字　　　　　　图 8-11　显示抖音 uid

主播在直播间带货时，可以在优惠券列表中看到商家定向为自己发放的达人粉丝券，可在直播时发放，如图 8-12 所示。注意，用户只能在指定达人的直播间领取达人粉丝券，而且该优惠券不会自动展示在商品列表、商品详情页、店铺页。如果用户没有关注该达人，则在领券时页面会提示需要订阅主播后才能领取，如图 8-13 所示。

图 8-12　查看达人粉丝券　　　　　　图 8-13　领取达人粉丝券提示

8.1.4　店铺新人券

店铺新人券是针对从来没有在店铺消费过的用户提供的专属优惠券，用户领券后购买商品时可抵扣对应面额的订单金额。它能够有效提升直播间的新用户转化效果，完成店铺的拉新目标。图 8-14 所示为店铺新人券的设置页面，其"优惠券类型"固定为"店铺满减券"，"每人限领"的数量为 1 张，这些都是无法修改的。

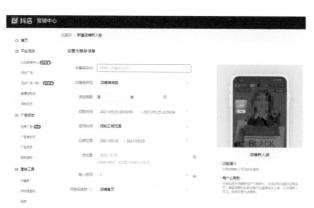

图 8-14　店铺新人券的设置页面

商家创建店铺新人券后，将展示到直播间的左上角与"优惠"面板、商详页与商详页的"优惠"面板、个人券中心等渠道，同时还会露出"新人券"或"新人专享"的标识，如图 8-15 所示。

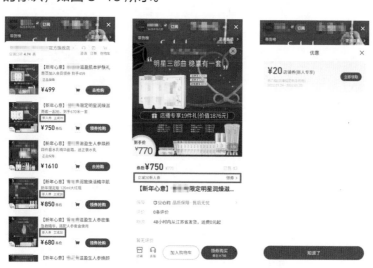

图 8-15　店铺新人券的部分展示渠道

专家提醒

商家创建的店铺新人券生效后，将会自动发放到绑定该店铺的抖音号直播间中，商家或主播无需再去其他平台手动发放。需要注意的是，新人券默认可用于全店铺的商品范围，因此商家需谨慎设置面额。

8.1.5　全店通用券

全店通用券适用于店铺中的所有商品，通过提高价格优惠力度引导用户下单，其展示效果如图 8-16 所示。

图 8-16　全店通用券的展示效果

全店通用券的主要功能如图 8-17 所示。

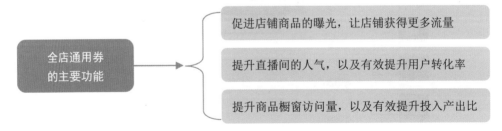

图 8-17　全店通用券的主要功能

同时，商家还可以通过抖店后台的装修设计功能，将该优惠券展示到店铺首页，强化促销效果，提升用户领取率，如图 8-18 所示。

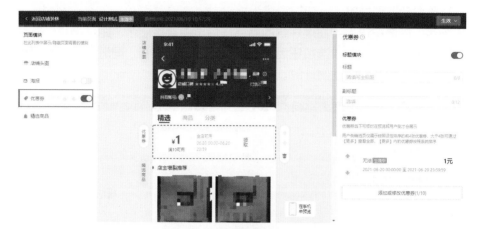

图 8-18　将优惠券展示到店铺首页

8.2　营销工具：促进用户转化

在移动互联网时代，电商的营销不再是过去那种"砸墙抢夺流量"的方式，而是以粉丝为核心，所有的商家和运营者都在积极打造忠诚的粉丝社群体系，这样才能让店铺走得更加长远。

在抖音盒子的运营过程中，使用抖音电商平台提供的营销工具就是一种快速获得粉丝的方法，能够更好地为店铺引入流量，给产品和店铺带来更多的展示机会，并有效促进用户的下单转化。

8.2.1　限时限量购

抖音电商的限时限量购营销工具也被称为"秒杀"，是一种通过对折扣促销的产品货量和销售时间进行限定，来实现"饥饿营销"的营销手段，可以快速提升店铺人气和 GMV。用户需要在商家设置的活动时间内抢购活动商品，一旦超出活动时间或活动库存售罄，商品就会立即恢复原价。

下面介绍设置限时限量购活动的操作方法。

（1）进入"抖店丨营销中心"页面，在左侧的导航栏中选择"营销工具"丨"限时限量购"选项，单击右上角的"立即创建"按钮，如图 8-19 所示。

（2）进入"新建活动"页面，在"设置基础规则"选项区中设置各选项，如图 8-20 所示。其中，"活动类型"默认为"限时限量促销"；在"活动名称"文本框中可输入 1～5 个中文名称；"活动时间"可选择"按开始结束时间设置"

（填写限时限量购活动的开始时间和结束时间）或"按时间段选择"（可选择活动生效后的持续时间）；"订单取消时间"是指用户提交订单后，如果一直未支付，订单自动取消的时间，建议设置为5分钟；在"是否预热"选项区中，选中"不预热"单选按钮后会在用户端的商品详情页中直接展示"距离结束"的活动倒计时，选中"预热"单选按钮后还需设置预热持续时间，同时商品详情页中会展示"距离开抢"的活动倒计时。

图 8-19　单击"立即创建"按钮

图 8-20　设置基础规则

（3）接下来选择商品，单击"添加商品"按钮，弹出"选择商品"对话框，在"商品 ID/名称"列表中选中参加活动的商品前的复选框，单击"选择"按钮，即可完成商品的选择，如图 8-21 所示。注意，最多可添加 50 个商品。

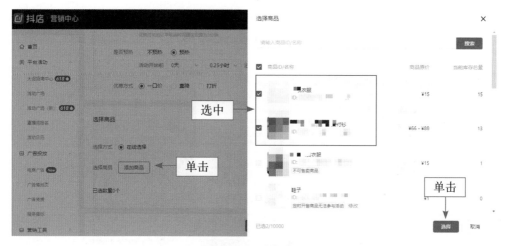

图 8-21 选择商品

专家提醒

在"设置基础规则"选项区中，商家还可以设置"优惠方式"选项，该选项将影响活动商品的价格设置方式，具体包括以下 3 个选项。

① 一口价：优惠形式为"一口价"，可直接填写优惠价格。

② 直降：优惠形式为"直降 × 元"，可直接填写直降金额。

③ 打折：优惠形式为"×× 折"，可直接填写折扣系数。

（4）最后设置一口价、活动库存和每人限购数量，单击"提交"按钮即可，如图 8-22 所示。

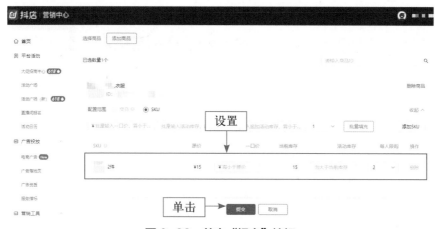

图 8-22 单击"提交"按钮

商家在设置了限时限量购活动后，用户通过抖音盒子平台进入活动商品的直播间或商品详情页后，可以看到专属活动标识和专属活动皮肤，如图 8-23 所示。

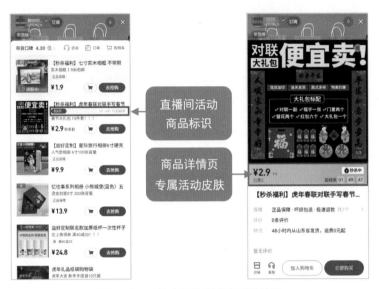

图 8-23　限时限量购活动展示效果

8.2.2　满减活动

满减活动是指通过为指定商品设置"满额立减""满件立减""满件 N 折"的优惠形式，影响用户的购买决策，从而提升客单价和用户转化效果。

下面介绍设置满减活动的操作方法。

（1）进入"抖店｜营销中心"页面，在左侧导航栏中选择"营销工具"｜"满减"选项，单击右上角的"立即新建"按钮，如图 8-24 所示。

图 8-24　单击"立即新建"按钮

（2）进入"新建活动"页面，在"设置基础规则"选项区设置各选项，包括活动类型、活动名称、活动时间、优惠设置以及是否允许叠加店铺券等，如图8-25所示。其中，"优惠设置"选项采用阶梯优惠的方式，默认只有1个层级，单击"增加规则"按钮，最多可添加5个层级，下一层级的满额或折扣要大于上一个层级。

图8-25　设置基础规则

（3）在"选择商品"选项区中单击"添加商品"按钮，可在店铺中添加参与活动的商品，上限为100件。单击"提交"按钮即可创建满减活动。如果商家想中途停止进行中的活动，可以在"多件优惠"页面中单击相应活动商品右侧的"设为失效"按钮，如图8-26所示。

图8-26　单击"设为失效"按钮

商家创建满减活动，当用户进入店铺主页、商品详情页或单个商品下单页后，可以看到相应的活动信息，从而有效地引导用户同时购买多个商品，如图 8-27 所示。

图 8-27　满减活动展示效果

8.2.3　定时开售

商家在即将上架新品的时候，可以通过定时开售活动来为新品预热引流，吸引用户预约和收藏新品，从而帮助商家了解商品的热度和预估销量。

下面介绍设置定时开售活动的操作方法。

（1）进入"抖店｜营销中心"页面，在左侧的导航栏中选择"营销工具"｜"定时开售"选项，单击右侧的"添加商品"按钮，如图 8-28 所示。

图 8-28　单击"添加商品"按钮

（2）弹出"添加商品"对话框，在此可以通过商品ID、商品名称或上架状态来查询商品，如图8-29所示。

图8-29 "添加商品"对话框

（3）选中相应商品前的复选框，单击页面最下方的"提交"按钮即可添加活动商品。图8-30所示为用户端的定时开售活动展示效果。

平台会在商品开售前3天、开售前1天和开售前10分钟，分别以站内短信和通知的形式，提醒已预约/收藏/加入购物车的用户，并附上商品链接

在商详页及购物车等位置会显示已预约人数，可体现出商品的火爆程度

图8-30 用户端的定时开售活动展示效果

对于商家来说，开展定时开售活动，不仅可以通过用户的预约数据来了解商品热度，而且可以营造出商品的稀缺感氛围，同时还能够通过平台的用户召回功能提升直播间或商品橱窗的流量。

8.2.4 拼团活动

拼团活动是指用户在购买某个活动商品时，可以通过分享直播间的方式邀请其他用户一起购买，当商品总体售卖件数符合条件后即可成团，同时能够享受优惠价格。拼团活动的主要优势如图 8-31 所示。

图 8-31　拼团活动的主要优势

下面介绍设置拼团活动的操作方法。

（1）进入"抖店｜营销中心"页面，在左侧的导航栏中选择"营销工具"｜"拼团"选项，单击右侧的"立即创建"按钮，如图 8-32 所示。

图 8-32　单击"立即创建"按钮

（2）进入"创建活动"页面，在此可以设置活动名称、活动时间、成团数量、是否开启自动成团以及订单取消时间等，如图 8-33 所示。其中，成团数量的设置范围为 5 ～ 10 000，当拼团的用户达到该数量时，将会成团；选中"开启自动成团"复选框，则拼团活动结束时未达到成团数量，也可以视为拼团成功；订单取消时间是指用户提交订单后如果一直没有付款，系统自动取消订单的时间，建议设置为 5 分钟。

图 8-33 "创建活动"页面

（3）在"创建活动"页面下方的"选择商品"选项区中，单击"添加商品"按钮，选择要参与活动的商品，同时商家还可以基于 SKU（Stock Keeping Unit，库存量单位）维度，来选择哪些 SKU 参加、哪些 SKU 不参加。设置完成后，单击"提交"按钮，即可创建拼团活动，如图 8-34 所示。

图 8-34 单击"提交"按钮

8.2.5 超级福袋

超级福袋是一个直播间带货的营销互动工具，能够帮助主播实现规范化的抽奖流程。开启超级福袋活动后，该活动将会以商品的形式出现在直播间的购物车中，主播可以通过口播的方式引导用户完成各种任务，如达到一定浏览时长或发送指定口令等，来获取抽奖资格。活动展示效果如图 8-35 所示。

图 8-35　超级福袋活动展示效果

商家需要以达人身份登录巨量百应后台，在"直播管理"页面的左侧导航栏中，选择"营销管理"|"超级福袋"选项，进入其页面，选中"我已阅读并同意《协议名称待定》"复选框，单击"立即开通"按钮，如图 8-36 所示。开通超级福袋活动后，先进入"奖品池"选项卡创建奖品。

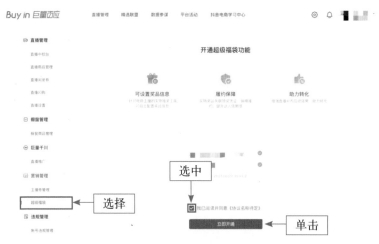

图 8-36　单击"立即开通"按钮

创建奖品后，切换至"抽奖活动"选项卡，单击"创建活动"按钮弹出"创建抽奖活动"对话框，如图 8-37 所示，在此可以设置中奖条件、开奖时间、兑奖截止时间等抽奖信息，并选择相应的抽奖活动奖品。其中，中奖条件包括"到点开奖"“看播任务"“评论任务"和"粉丝团任务"等类型。设置完成后，单击"发布"按钮，即可创建超级福袋活动。

图 8-37　"创建抽奖活动"对话框

8.2.6　巨量千川

巨量千川是巨量引擎推出的一个电商广告平台，为商家和运营者提供抖音电商一体化营销解决方案，实现高效经营与生意的可持续增长。巨量千川已经与抖音电商的经营实现了深度融合，有助于提升电商营销效率和效果，助力商家实现长效增长和电商生态的健康发展。商家或运营者可以在抖店后台的顶部菜单栏中单击"电商广告"按钮，如图 8-38 所示。

图 8-38　单击"电商广告"按钮

执行操作后，即可进入巨量千川平台，在"推广"页面中设置相应的营销目标和推广方式来创建推广计划，如图 8-39 所示。

图 8-39　"推广"页面

在"营销目标"选项区中，商家或运营者可以结合自己的营销目标，选择"短视频／图文带货"选项来吸引用户购买商品，或选择"直播带货"选项来吸引用户进入直播间下单。在"推广方式"选项区中，"极速推广"方式的操作门槛低，相对便捷，适合新手；"专业推广"方式则可以自由选择投放方式、投放速度、转化目标，以及设置日预算、出价、定向人群、投放日期和时段、创意类型、创意内容、创意分类和创意标签等选项，适合老手。

巨量千川的推广工具可以帮助商家和运营者提升短视频、直播带货的投放优化能力，同时还支持观看、互动、停留等浅层转化目标，以及对短视频商品购买、直播间下单等深度目标的优化。

第 9 章

直播带货：提升用户购买欲望

学前提示

　　主播在抖音盒子直播间带货时，如何把产品销售出去，是整场直播的核心。主播不仅要善于和用户进行互动、交流，同时还要通过活动和利益点来抓住用户的消费心理，从而促使他们完成下单行为。

9.1　提升销量：掌握直播间用户购物路径

抖音盒子 App 可以说是抖音电商的一个重要卖货渠道，不仅完全对接了抖店的电商功能，而且为抖音平台上的商品带来了更多曝光机会。

在抖音盒子平台上，要想打动直播间观众的心，让他们愿意下单购买，主播需要先锻炼好自己的直播销售技能，掌握直播间用户的购物路径。本节将分享一些关于直播销售的心得体会，帮助主播更好地进行直播卖货工作。

9.1.1　同步显示抖音直播间

主播需要授权抖音盒子使用自己的抖音号下的短视频和直播间信息，才能将抖音直播间同步显示到抖音盒子平台上，具体操作方法见本书 1.1.2 小节，此处不再赘述。图 9-1 所示为同一个抖音账号发布的直播间可以在抖音和抖音盒子两个平台上同步展示，为商品带来更多流量。

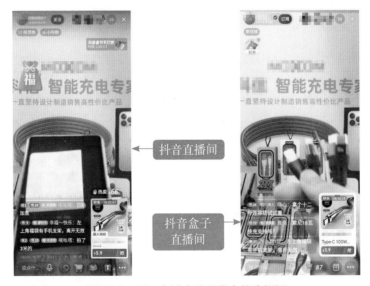

图 9-1　同一个抖音账号发布的直播间

专家提醒

虽然直播内容和带货商品一模一样，但两者的功能还是有些差别。例如，抖音的直播间多了"申请连线"功能，用户可以向主播发起视频连线或语音连线。抖音盒子的直播间则比较简约，只有基本的购物车和礼物功能，更像是一个电商直播间。

9.1.2　优化直播间的点击率

从整个抖音盒子直播间的用户购物路径上进行分析，可以分为引流、主播吸引力和主播销售能力 3 个部分，如图 9-2 所示。

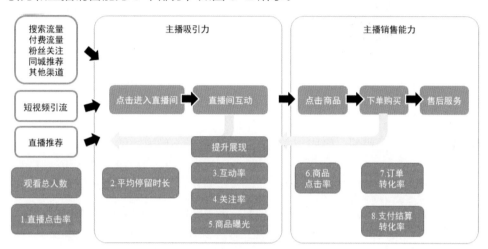

图 9-2　直播间用户的购物路径

首先，主播要从各个渠道去提升直播间的展现量（即曝光量），当直播间有了引流的通路后，还需要给用户一个让他点击的理由。在抖音盒子平台上，直播入口随处可见，如"推荐""逛街"和搜索结果页等界面。有了展现量和流量后，也就是说用户看到了你的直播间后，如何让他们主动点击进入直播间呢？

我们知道，点击率是一个非常重要的指标，没有点击率，就谈不上用户的互动、关注和下单了。对于直播带货来说，用户最先看到的是直播间的封面和标题，只要这些内容能够给他们留下好的印象，就能够获得好的点击率。

下面介绍一些直播间封面的优化技巧。

（1）板式设计：封面图片的整体版面要饱满，一目了然，商品图片的大小和位置要合适，不能有太多空白。主播可以从多个角度来展示商品，让用户更全面地了解商品。

（2）颜色设计：商品的颜色要醒目，要有视觉冲击力，同时和背景的颜色对比要明显，不要在图片中添加太多颜色，否则会显得喧宾夺主，影响商品的表达。如图 9-3 所示，黑色的商品与灰色的背景，层次非常分明，从而更好地突出商品。

（3）符合实际：图片中的商品不能过于设计化，要符合真实情况，同时切忌盗图和照本宣科。

（4）提炼卖点：在设计封面时，可以将产品卖点放进去，这样能够更好地吸引有需求的用户点击和购买，如图 9-4 所示。

图9-3 正确的封面颜色设计示例　　　图9-4 提炼卖点的封面设计示例

除了直播封面图外，标题和福利对于点击率的影响也非常大，如图9-5所示。优质的卖货直播间的标题需要明确直播主题，突出产品亮点。下面为卖货类直播标题的一些常用模板。

标题：不仅要紧抓用户需求，而且要用一个精炼的文案表达公式来提升点击率

封面：能够将商品的用户痛点或者使用场景展现出来；能够展现商品的卖点或亮点，圈住精准的人群对象；图片的画质清晰，同时构图、色彩与光线均合理

福利：刺激消费，促进用户转化

图9-5 影响直播间点击率的主要因素

模板1：使用场景/用户痛点＋商品名称＋功能价值。

模板2：情感共鸣型标题，更容易勾起用户的怀旧心理或好奇心。

模板3：风格特色＋商品名称＋使用效果。

模板4：突出活动和折扣等优惠信息。

9.1.3 优化用户停留与互动

做直播带货，提升用户停留时长和互动氛围是相当重要的，这些数据不仅可以提升直播间的热度，让平台给直播间导入更多自然流量，而且用户观看直播的时间越长，就越容易下单购买，同时客单价也会越高。提升直播间用户停留与互动的关键因素有如图 9-6 所示的几个。

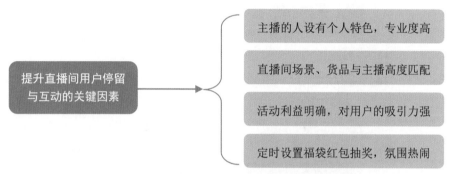

图 9-6 提升直播间用户停留与互动的关键因素

例如，主播可以引导用户加入自己的"粉丝团"，用户可以做任务来增加与主播的亲密度并提升"粉丝团"等级，从而获得各种特权奖励，如图 9-7 所示。"粉丝团"具有连接粉丝和主播的重要功能，是粉丝与主播关系紧密的有力见证，能够有效提升粉丝的停留时长和互动积极性，如图 9-8 所示。

粉丝团特权	
Lv.1	获得粉丝团勋章 解锁专属礼物【粉丝团打牌】
Lv.3	解锁专属礼物【为你点亮】
Lv.5	粉丝团升级信息房间内可见
Lv.7	解锁专属礼物【一直陪伴你】
Lv.10	获得专属粉丝团进场
Lv.12	解锁专属礼物【动次打次】

图 9-7 "粉丝团"的特权奖励　　　**图 9-8 直播间"粉丝团"功能**

主播可以通过直播间提供的一些互动功能，来增加与用户的互动频率，这样不仅能够增加老粉丝的黏性，而且还可以迅速留住新进来的用户，同时有效引导关注和裂变新粉丝。例如，主播可以举行一些抽奖或秒杀活动，来提升直播间的人气，让现存的用户有所期待，愿意停留在直播间，甚至还可以激励用户分享直播间，如图9-9所示。

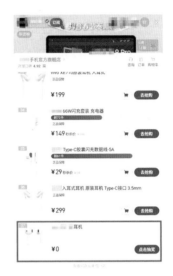

图9-9　直播间抽奖活动

另外，主播还可以在直播间设计一些互动小游戏，来增加用户的停留时长，这样才有更多互动、点击、加购和转化的可能，同时还能为直播间吸引大量的"铁粉"。互动游戏可以活跃直播间的气氛，让用户产生信任感，从而有效吸粉和提升商品销量。

例如，刷屏抽奖是一种参与门槛非常低的直播间互动玩法，主播可以设计一些刷屏评论内容，如"关注主播抢xx"等。当大量用户开始刷屏评论后，主播即可倒计时截屏，并给用户放大展示手机的截图画面，告诉用户中奖的人是谁。

主播在通过刷屏抽奖活跃直播间的气氛前，要尽可能让更多的用户参与，这时候可以引导他们评论"扣1"，提醒其他用户注意。同时，主播要不断口播即将抽奖的时间，让更多用户参与到互动游戏中来。

9.1.4　优化带货产品转化率

优化带货产品转化率是指当用户进入直播间并长期停留后，如何让他达成更多成交。主播需要熟悉直播间规则、直播产品以及店铺活动等知识，这样才能更好地将产品的功能、细节和卖点展示出来，以及解答用户提出的各种问题，从而引导用户在直播间下单。图9-10所示为直播间推荐产品的基本流程，能够让主播将有效信息传递给用户。

第1步：在没有使用产品前，用户是什么样的状况，会面临哪些痛点和难点

第2步：用户使用了产品后，将会带来哪些变化

第3步：用户使用了产品后，将会获得什么样的好处或价值

直播间推荐产品的基本流程

图9-10　直播间推荐产品的基本流程

同时，主播说话要有感染力，要保持充满激情的状态，制造出一种产品热卖的氛围，利用互动和福利引导真实的买家下单。

在抖音盒子的直播间中，用户的交易行为很多时候是基于信任主播而产生的，用户信任并认可主播，才有可能去关注和购买产品。因此，主播可以在直播间将产品的工艺、产地以及品牌形象等内容展现出来，并展现品牌的正品和保障，为产品带来更好的口碑影响力，赢得广大用户的信任。

在如图9-11所示的卖蛋挞产品的直播间中，主播不仅详细介绍了蛋挞的制作方法，还将包装盒拿到镜头前，详细介绍产品的品牌、保质期和厂家等信息，让观众对产品更加放心，增加他们下单的信心。

图9-11　蛋挞产品的直播间示例

另外，主播多准备一些用于秒杀环节的直播商品，在直播过程中可以不定时

地推出秒杀、福袋、满减或优惠券等活动，来刺激用户及时下单，提高转化率。

主播在发布直播间的预告时，可以将大力度的优惠活动作为宣传噱头，吸引用户准时进入直播间。在直播的优惠环节，主播可以推出一些限时限量的优惠商品，或者直播专属的特价等，吸引用户快速下单。

在优惠环节，主播需要做好以下两件事。

（1）展现价格优势。通过前期一系列的互动和秒杀活动吊足用户的胃口后，此时主播可以宣布直播间的超大力度优惠价格，通过特价、赠品、礼包、折扣以及其他增值服务等，让用户产生"有优惠，赶紧买"的消费心理，引导用户下单。

（2）体现促销力度。主播可以在优惠价格的基础上，再次强调直播间的促销力度，如前 xx 名下单粉丝额外赠送 xx 礼品、随机免单以及满减折扣等，并不断地对比商品的原价与优惠价格，同时反复强调直播活动的期限、倒计时时间和名额有限等，营造出产品十分畅销的氛围，让用户产生"机不可失，时不再来"的消费心理，促使犹豫的用户快速下单。

9.1.5　优化直播间的复购率

对于那些带货时间长的主播来说，肯定都知道维护老客户、提升复购率的重要性。通常情况下，开发一个新客户需要花费的成本（包括时间成本和金钱成本），等于维护 10 个老客户的成本。

然而，新客户为你带来的收入，往往比不上老客户。因此，主播需要通过口碑的运营，做好老客户的维护工作，这样不仅可以让他们更信任你，而且还会给你带来更多销量。图 9-12 所示为维护老客户的主要作用。

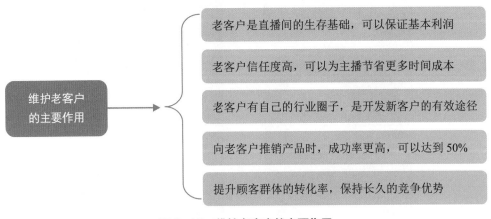

图 9-12　维护老客户的主要作用

老客户都是已经在直播间下过单或者熟悉主播的人，他们对于主播有一定的了解，主播可以进行定期维护，让老客户知道你一直关心在乎他们，来促进他们的二次消费。不管是哪个行业，主播都可以通过快速吸粉引流来短暂地增加商品销量，但是，如果想要获得长期稳定的发展，并且形成品牌效应或者打造个人IP，那么维护老客户是必不可少的一环。因此，主播需要了解用户的需求和行为，做好老客户的维护，并将潜在用户转化成忠实粉丝，相关技巧如图 9-13 所示。

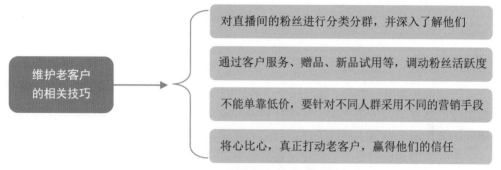

维护老客户的相关技巧
- 对直播间的粉丝进行分类分群，并深入了解他们
- 通过客户服务、赠品、新品试用等，调动粉丝活跃度
- 不能单靠低价，要针对不同人群采用不同的营销手段
- 将心比心，真正打动老客户，赢得他们的信任

图 9-13　维护老客户的相关技巧

抖音盒子的运营重点在于利用各种社交平台，来提高老客户的黏性和复购率，这也是突围流量困境的方式。这是因为在用户的社交圈中，大家都是相互认识的熟人，彼此互动交流的机会更多，信任度也更高，这个特点是站内流量所不具有的。

在用户社群中，用户的活跃度要明显更高一些，而且主播可以创造与用户对话的二次机会。主播可以使用微信公众号、个人号、朋友圈、小程序和社群等渠道，对私域流量池中的老客户进行二次营销，提高用户复购率，实现粉丝变现。同时，基于抖音而衍生出来的抖音盒子，在营销过程中还可以加入更多社交元素，让产品信息进入用户的社交圈进行扩散，以降低主播的推广成本。

专家提醒

二次营销还有一个更加通俗易懂的名称，那就是"用户经营"，在如今这个新客户占比逐步降低的电商环境下，老客户的重要性日渐凸显。需要注意的是，二次营销必须建立在用户满意度的基础上，否则无法提高用户忠诚度。

9.2　直播技巧：提升直播间的转化效果

很多商家或主播看到别人的直播间中爆款多、销量好，难免会心生羡慕。其实，只要你用对方法，也可以提升直播间的转化效果，打造出自己的爆款产品。本节主要介绍直播卖货常用的促单技巧，让用户快速下单。

专家提醒

爆款是所有商家追求的产品，显而易见，其主要特点就是非常火爆，具体表现为流量高、转化率高、销量高。不过，爆款通常并不是店铺的主要利润来源，因为大部分爆款都是性价比比较高的产品，这些产品的价格相对来说比较低，因此利润空间非常小。

9.2.1　选择合适的带货主播

直播销售主播，实际上就是一个优秀的推销员，而作为一个直播商品推销员，最关键的就是可以获得流量，从而让直播间商品的转化率爆发。如果不能提高直播间的转化率，就算主播每天夜以继日地直播，也很难得到满意的结果。

主播需要对自己带货的领域足够的专业，了解自己在卖什么，掌握商品的相关信息，这样在直播过程中，才不会出现没话可说的局面。同时，主播还要学会认识自己的粉丝，最好记住他们的喜好，从而有针对性地向他们推荐产品。

在抖音盒子平台上，很多商家没有直播经验，因此在直播带货时的效果并不好，此时可考虑寻找高流量的优质带货主播进行合作，让合适的人做合适的事。寻找主播资源的渠道除了孵化网红主播的机构和各大直播平台的达人主播外，商家还可以通过抖音电商平台的达人广场、达人招商、达人榜单、团长招商、抖 Link 选品会、平台招募计划、绑定直播基地、星选撮合等渠道与达人合作。

例如，团长招商是一个帮助商家快速找到带货达人的平台，商家可以选择满足条件的商品直接报名，让爆单变得更容易。其具体操作方法如下。

（1）进入"抖店｜营销中心"页面，在左侧的导航栏中选择"精选联盟"｜"团长招商"选项，如图 9-14 所示。

（2）进入巨量百应平台的"团长招商"活动页面，商家可以通过"招商类目"和"活动类型"等功能筛选出合适的招商团长，通过查看预估平均成交交易额来评估团长的实力，单击"立即报名"按钮，如图 9-15 所示。

（3）选择相应的商品报名后，弹出"商品报名"对话框，在此需要设置活动商品的佣金率、服务费率、价格、库存、赠品以及联系电话等，如图 9-16 所示。设置完成后，同意服务协议并单击"报名"按钮即可。

图 9-14 选择"团长招商"选项

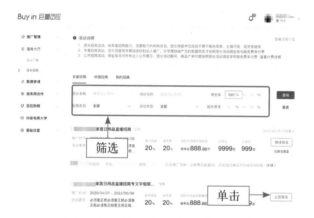

图 9-15 单击"立即报名"按钮

图 9-16 "商品报名"对话框

专家提醒

　　需要注意的是，没有达到报名门槛的商家无法报名。若商家满足报名门槛但是商品非招商类目，则为该商品点击"报名"按钮后，将出现"商品类目不符合条件"的提示。

　　（4）报名成功后，团长会对活动商品进行审核，通过后才会生效。此时商家可以进入"团长招商"页面的"推广效果"选项卡中查看推广效果，如图 9-17 所示。

图 9-17　查看推广效果

　　抖音盒子的电商直播间不同于抖音的短视频直播，它们可能会经常跨品牌和跨类目进行带货，而抖音盒子则要求主播要深入了解自己所带货的商品。商家在选择主播时，或者将自己打造成店铺主播时，还有一些基本要求，具体如图 9-18 所示。

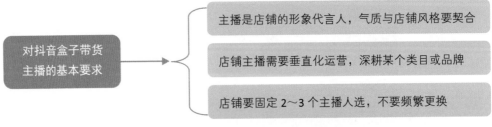

图 9-18　对抖音盒子带货主播的基本要求

　　例如，对于服装产品来说，主播的"颜值"要高一些，同时要有好的身材和口才，这样不仅能够穿出漂亮的服装效果，还能把服装的优势讲出来。再如，在各种数码产品的直播间，用户喜欢提各类问题，主播需要将自己打造成一个专家的形象，能够快速回复用户的问题，同时能够将产品优势有条不紊地说出来，从而增强用户的信任度，如图 9-19 所示。

图 9-19　用户提问示例

在抖音盒子平台上，主播通常包括以下 3 类人群，其优缺点如图 9-20 所示。

网红带货达人

> 优点：自带粉丝，流量非常大，能够帮助品牌快速打响名气
> 缺点：佣金较高，粉丝人群可能与产品消费人群不一致

外部直播机构

> 优点：主播的专业性较强，同时商家可选择的人选比较多
> 缺点：涉及机构和主播分成，商家需要付出更多成本

店铺自家主播

> 优点：商家可以拥有属于自己店铺的主播，对产品更加了解
> 缺点：主播通常是非专业出身，需要一段时间来熟悉和掌握

图 9-20　不同类型主播的优缺点

由于抖音盒子推出的时间并不长，平台上的主播也比较少，因此很多店铺可能一时无法找到合适的主播。此时，商家可以试着自己开播，因为只有商家才是最了解自己店铺商品的人。笔者认为，电商直播不同于以往的秀场直播，即使主播没有好的外形，但只要能够坚持为消费者提供物美价廉的商品，成功也会变得

离成功越来越近了。

9.2.2 直击用户痛点的产品

虽然抖音盒子的直播间主要目的是卖货，但这种单一的内容形式难免会让用户觉得无聊。因此，主播可以根据用户痛点，给用户带来一些有趣、有价值的内容，提升用户的兴趣和黏性。

直播时并不是要一味地吹嘘产品的特色卖点，而是要解决用户的痛点，这样他才有可能为你的直播间驻足。很多时候，并不是主播提炼的卖点不够好，而是因为主播认为的卖点不是用户的痛点所在，并不能解决他的需求，所以对用户来说自然就没有吸引力了。当然，前提是主播要做好直播间的用户定位，明确用户是追求特价，还是追求品质，或者是追求实用技能，以此来指导优化直播内容。

主播对产品要有亲身体验，并告诉用户自己的使用感受，同时还可以列出真实用户的买家秀图片、评论截图或短视频等内容，这些都可以在直播间展示出来，有助于杜绝虚假宣传的情况。图9-21所示为某主播在直播间亲自试用美甲产品，向用户展示产品的使用方法和卸除方法，以及使用后的效果。

图 9-21　美甲产品的直播间示例

痛点，就是用户急需解决的问题，他如果没有解决这个痛点，就会很痛苦。用户为了解决自己的痛点，一定会主动寻求解决办法。相关研究显示，每个人在面对自己的痛点时，是最有行动效率的。

大部分用户进入直播间，表明他在一定程度上对直播间是有需求的，即使当时的购买欲望不强烈，但是主播完全可以通过抓住用户的痛点，让购买欲望不强烈的用户也下单。

主播在提出痛点的时候需要注意，只有与用户的"基础需求"有关的问题，才能算是他们的真正痛点。"基础需求"是一个人最根本和最核心的需求，这个需求没解决的话，人的痛苦会非常明显。

主播在找到用户后，可以适当放大痛点，让用户产生解决这个痛点的想法，此时再慢慢地引入自己想要推销的产品，给用户提供一个解决痛点的方案。在这种情况下，很多人都会被主播提供的方案吸引住。毕竟用户痛点被主播提出来后，用户一旦察觉到痛点的存在，第一反应就是消除这个痛点。

主播要先在直播间中营造出用户对产品的需求氛围，然后再去展示要推销的产品。在这种情况下，用户的注意力会更加集中，同时他们的心情甚至有些急切，希望可以快点解决自己的痛点。

通过这种价值的传递，可以让用户对产品产生更大的兴趣。当用户对产品有进一步了解的欲望后，这时主播就需要和他们建立起信任关系。主播可以在直播间与用户聊一些产品的相关知识和技能，或者提供一些专业的使用建议，来增加用户对自己的信任。

总之，痛点就是通过对人性的挖掘，来全面解析产品和市场；痛点就是正中用户的下怀，使他们对产品和服务产生渴望和需求。痛点就潜藏在用户身上，需要商家和主播去探索和发现。"击中要害"是把握痛点的关键所在，因此主播要从用户的角度出发进行直播带货，并多花时间去研究并找准用户痛点。

9.2.3 营造产品的抢购氛围

直播间的互动环节，主要目的在于活跃气氛，让直播间变得更有趣，避免产生尴尬场。主播可以多准备一些与用户进行互动交流的话题，可以从如图 9-22 所示的两方面找话题。

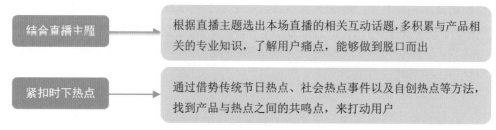

图 9-22 找互动话题的相关技巧

除了互动话题外，主播还可以策划一些互动活动，如红包和免费抽奖等，不仅能够提升用户参与的积极性，而且还可以实现裂变引流。另外，主播还可以在助播和场控的帮助下，营造产品稀缺抢购的氛围，提升用户下单的积极性。

1. 助播的作用

助播简单理解就是帮助主播完成一些直播工作，也可以称为主播助理，其具体工作内容如图 9-23 所示。

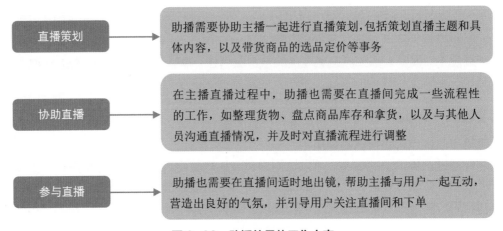

图 9-23　助播的具体工作内容

对于主播来说，助播能够起到锦上添花的作用，一主一辅相互配合，彼此是一种相互依赖的关系。例如，在平台大促期间，当主播的嗓子已经喊哑的时候，助播就要说更多的话，告诉用户怎么领券下单，分担主播的压力。

如果主播的粉丝量非常大，达到了几十万以上，而且粉丝的活跃度非常高，此时就需要增加一些助播人数了。当然，一个助播每天也可以协助多个主播，来延长自己的工作时间，从而获得更多收入。

2. 场控的作用

对于主播来说，直播间的场控是一个炒热气氛的重要岗位，不仅可以帮助主播控制直播间的节奏，解决突发状况，还可以引导粉丝互动和下单。对直播间场控的具体要求如图 9-24 所示。

对于一些小商家来说，如果运营人员的时间足够多，同时能力也比较强，也可以由运营来兼任直播间场控一职。

3. 活跃直播间气氛的技巧

在抖音盒子直播间中，主播除了要充分展示产品的卖点外，还要适当地发挥自己的个人优势，利用一些直播技巧来活跃直播间的气氛，从而提升用户的黏性和转化效果，相关技巧如图 9-25 所示。

直播卖货的关键在于营造一种抢购的氛围，来引导用户下单，相关的促单技巧如图 9-26 所示。

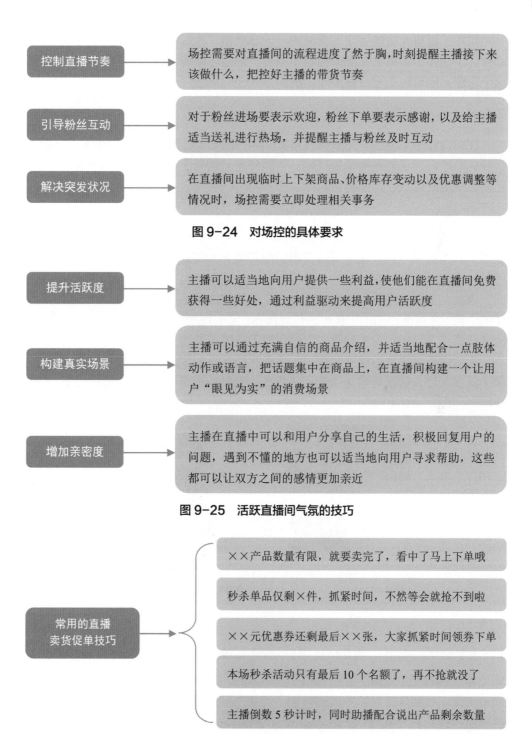

控制直播节奏 → 场控需要对直播间的流程进度了然于胸，时刻提醒主播接下来该做什么，把控好主播的带货节奏

引导粉丝互动 → 对于粉丝进场要表示欢迎，粉丝下单要表示感谢，以及给主播适当送礼进行热场，并提醒主播与粉丝及时互动

解决突发状况 → 在直播间出现临时上下架商品、价格库存变动以及优惠调整等情况时，场控需要立即处理相关事务

图 9-24　对场控的具体要求

提升活跃度 → 主播可以适当地向用户提供一些利益，使他们能在直播间免费获得一些好处，通过利益驱动来提高用户活跃度

构建真实场景 → 主播可以通过充满自信的商品介绍，并适当地配合一点肢体动作或语言，把话题集中在商品上，在直播间构建一个让用户"眼见为实"的消费场景

增加亲密度 → 主播在直播中可以和用户分享自己的生活，积极回复用户的问题，遇到不懂的地方也可以适当地向用户寻求帮助，这些都可以让双方之间的感情更加亲近

图 9-25　活跃直播间气氛的技巧

常用的直播卖货促单技巧 →

××产品数量有限，就要卖完了，看中了马上下单哦

秒杀单品仅剩×件，抓紧时间，不然等会就抢不到啦

××元优惠券还剩最后××张，大家抓紧时间领券下单

本场秒杀活动只有最后 10 个名额了，再不抢就没了

主播倒数 5 秒计时，同时助播配合说出产品剩余数量

图 9-26　常用的直播卖货促单技巧

其实，直播卖货的思路非常简单，无非就是"重复引导（关注、分享）＋互动介绍（问答、场景）＋促销催单（限时、限量与限购）"，主播只要熟练使用这个思路，即可轻松地在直播间卖货。

9.2.4 掌握直播销售的能力

在抖音盒子平台上，想要打动直播间用户的心，让他们愿意下单购买，主播需要先锻炼好自己的直播销售技能。下面分享一些关于直播销售的心得体会，来帮助主播更好地进行直播卖货工作。

1. 转变身份：加快引流速度

直播销售是一种通过屏幕和用户交流、沟通的职业，它必须依托直播方式来让用户产生购买行为，这种买卖关系使得主播更加注重建立和培养自己与粉丝之间的亲密感。

因此，主播不再是冷冰冰的形象或者单纯的推销机器，而渐渐演变成更加亲切的形象。主播通过和用户实时的信息沟通，及时地根据用户的要求来介绍产品，或者回答用户提出的有关问题，实时引导用户进行关注、加购和下单等操作。

正是由于主播身份转变的需求，很多主播在直播间的封面上，都会展现出邻家小妹或者调皮可爱等容易引起用户好感的画面。图 9-27 所示为偏可爱风格的直播封面图。

图 9-27　可爱风格的直播封面图示例

当主播的形象变得更加亲切和平易近人后，用户对于主播的信任和依赖也会逐渐加深，甚至还会寻求主播的帮助，借助主播所掌握的产品信息和相关技能，帮助自己买到更合适的产品。

2. 管好情绪：提高直播权重

主播在直播卖货过程中，为了提高产品的销量，会采取各种各样的方法来达到自己想要的结果。但是，随着步入抖音盒子直播平台的主播越来越多，每一个人都在争夺流量，都想要吸引粉丝、留住粉丝。

毕竟，只有拥有粉丝，才会有购买行为的出现，才能保证直播间的正常运行。在这种需要获取粉丝流量的环境下，很多个人主播开始延长自己的直播时间，而商家也开始采用多位主播轮岗直播的方式，来获取更多的曝光量，以便被平台上的更多用户看到。

这种长时间的直播，对于主播来说，是一件非常有挑战性的事情。因为主播在直播时，不仅需要不断地讲解产品，还要积极地调动直播间的氛围，同时还要及时回复用户所提出的问题，可以说是非常忙碌的，会感到极大的压力。

在这种情况下，主播就需要做好自己的情绪管理，保持良好的直播状态，使得直播间一直保持热烈的氛围，这样可在无形中提升直播间的权重，获得系统给予的更多流量推荐。

3. 用好方法：提升直播间销量

直播销售是一种需要用户掏钱购买商品的模式，而主播要想让用户愿意看自己的直播，愿意在自己的直播间花钱购买商品，还愿意一直关注自己，成为忠实粉丝等，都不是一件简单的事情。

主播不可能随随便便就让用户愿意留在直播间，也不可能一味地向用户说这个产品有多么多么好，就可以让用户下单购买。因此，主播需要掌握合理的直播销售方法，这样才能在一定程度上留住用户，提升直播间的销售额。图 9-28 所示为直播带货的产品介绍流程。

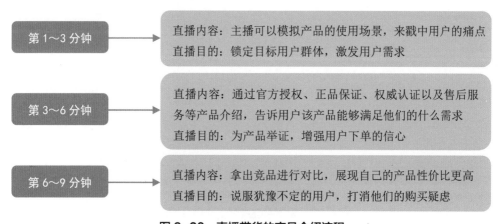

图 9-28　直播带货的产品介绍流程

9.2.5 裂变营销增加下单量

在抖音盒子平台上，除了自然流量和广告流量外，平台还推出了一种新的裂变营销工具，即通过直播间互动（优惠券）来刺激用户进行私域分享，快速炒热卖货氛围及人气，给直播间带来流量和提升 GMV。

下面介绍设置裂变营销活动的操作方法。

（1）进入"抖店 | 营销中心"页面，在左侧的导航栏中选择"营销工具" | "裂变营销"选项；单击右上角的"立即创建"按钮，如图 9-29 所示。

图 9-29　单击"立即创建"按钮

（2）进入"创建活动"页面，首先设置基础规则和选择合作达人，如图 9-30 所示。在"授权作者"列表框中可以选择"官方账号""自播账号""其他达人"等方式。注意，裂变营销活动必须关联唯一达人抖音账号，且创建后不可修改。

图 9-30　设置基础规则和选择合作达人

（3）接下来设置优惠信息，包括"分享者优惠"和"被分享者优惠"两个选项，如图 9-31 所示。其中，"分享者优惠"是指用户得到好友助力后所获得的奖励，建议额度稍微大一些，以便更好地激励用户分享；"被分享者优惠"是指用户的好友助力后所获得的优惠券，建议优惠面额略低于分享者优惠券。

图 9-31　设置优惠信息

（4）设置完成后，单击"提交"按钮即可创建裂变营销活动。此时，对应的主播可以进入巨量百应后台，在左侧的导航栏中选择"直播管理"|"直播中控台"选项进入其页面，在右侧的"直播工具"选项区中单击"分享裂变券"按钮；在弹出的"分享裂变券"对话框中单击"投放活动"按钮，如图 9-32 所示，即可在自己的直播间发布专属分享裂变券，并最大化拉动直播间看播流量和促进单场大促增量。

图 9-32　单击"投放活动"按钮

第 10 章

橱窗卖货：构建全新消费场景

学前提示

商品橱窗和抖店都是抖音电商平台为运营者提供的带货工具，其中的商品通常会出现在短视频和直播间的购物车列表中，是一种全新的电商消费场景，用户可以通过它们进入商品详情页并下单付款，让运营者实现卖货变现。

10.1　橱窗管理：直接进行商品销售

抖音正在逐步完善电商功能，对于商家和带货达人等运营者来说这是好事，意味着他们能够更好地通过抖音卖货来变现。运营者可以在"商品橱窗"界面中添加商品，直接进行商品销售。商品橱窗除了会显示在信息流中外，还会出现在个人主页中，方便用户查看该账号发布的所有商品。

通过商品橱窗的管理，运营者可以将具有优势的商品放在显眼的位置，增加用户的购买欲望，从而达到打造爆款的目的。

10.1.1　橱窗与店铺的区别

目前，通过抖音盒子卖货的人可以分为 3 类，包括纯推荐（带货）、纯自卖（开店）、既自卖又推荐。通常情况下，商品橱窗的名字是以抖音号名字来命名的，品牌旗舰店等商家无法使用自己的店铺名称，这样会降低用户对商品的信任度，同时也会对达人带货与旗舰店自卖产生影响。

为了让用户能够更放心地选购商品，获得良好的消费体验，抖音电商平台对商品橱窗进行了升级，进一步区分了店铺和橱窗的概念。

主推店铺的账号在个人主页仅展示店铺，且店铺中仅展示自卖商品，如图 10-1 所示。

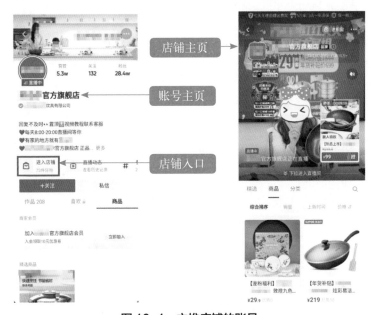

图 10-1　主推店铺的账号

主推带货的账号则在个人主页仅展示橱窗，且橱窗中仅展示非自卖的带货商品，如图 10-2 所示。

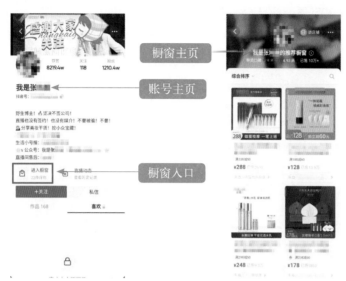

图 10-2　主推带货的账号

同时，商品橱窗只管理带货推荐商品，不允许添加和编辑自卖商品。需要注意的是，直播间和短视频的购物车不受影响，运营者仍然可以自由地添加自卖商品或推荐商品到购物车中。

10.1.2　在橱窗中添加商品

商品橱窗支持的商品来源包括抖店、京东、淘宝、考拉、唯品会、苏宁、网易严选、洋码头等。如果运营者绑定了抖店，则添加的商品是绑定的店铺的商品，同时该商品无佣金。

橱窗商品目前仅支持通过链接的方式添加商品，同时 PC 端的橱窗商品管理操作与手机端是实时同步的。

专家提醒

如果运营者要想在商品橱窗中添加淘宝商品，则商品的描述、服务和物流评分必须高于行业平均水平，而且店铺等级要大于或等于一钻，同时商品必须在淘宝联盟内容库中，佣金需设置为大于或等于 6.01%。

另外，在添加商品链接时，需要复制正常的商品链接或者淘宝淘口令，必须是原本的正常商品链接，不能是已经转过链的链接。

下面简单介绍在橱窗中添加商品的操作方法。

（1）进入巨量百应后台，在左侧的导航栏中选择"橱窗管理"|"橱窗商品管理"选项。在右侧的窗口中单击"添加商品"按钮，如图10-3所示。

图10-3　单击"添加商品"按钮

（2）弹出"添加商品"对话框，如图10-4所示，将复制好的商品链接粘贴到"商品链接"文本框中，单击"确认添加"按钮即可。

图10-4　"添加商品"对话框

10.1.3　编辑橱窗商品的信息

运营者在"橱窗商品管理"页面中添加新商品后，可以在"橱窗商品列表"列表中单击该商品右侧的"编辑"按钮，弹出"编辑推广信息"对话框，在此可以修改橱窗商品的短视频推广标题、直播推广卖点和商品图片，如图10-5所示。

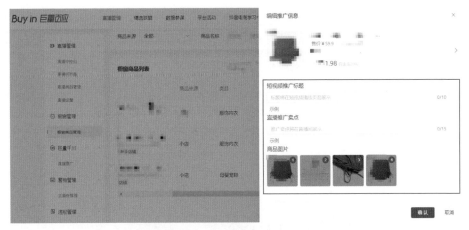

图 10-5　"编辑推广信息"对话框

需要注意的是，短视频推广标题和商品图片仅支持使用抖音号登录的运营者操作，今日头条、西瓜视频和抖音火山版的账号运营者无法进行商品编辑操作。运营者编辑短视频推广标题后，会在抖音端的购物车旁边展示出来，点击该标题即可查看商品详情，如图 10-6 所示。

图 10-6　短视频推广标题和橱窗商品详情

10.1.4　置顶、更新或删除商品

在橱窗商品列表中，选中相应商品前的复选框，单击"批量置顶"按钮，如

图 10-7 所示，即可将所选商品置于商品橱窗的顶部显示。如果运营者同时选中了多个商品进行置顶操作，会按照原本的商品排列顺序进行置顶排列。例如，选择排在第 2 位和第 6 位的商品进行置顶后，则原第 2 位的商品会排到第 1 位，原第 6 位的商品会排到第 2 位。

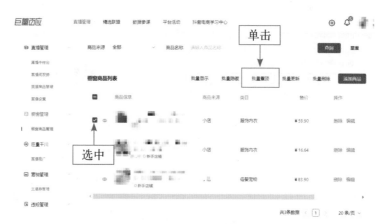

图 10-7　单击"批量置顶"按钮

在橱窗商品列表中，选中相应商品前的复选框，单击"批量更新"按钮，如图 10-8 所示，系统将会弹出相应对话框，提示运营者是否继续进行更新。

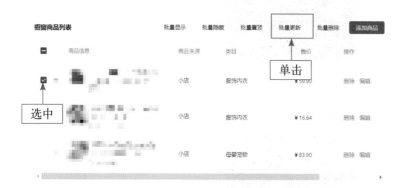

图 10-8　单击"批量更新"按钮

如果运营者要删除单个商品，可以单击该商品右侧的"删除"按钮。如果要同时删除多个商品，可以选中相应商品前的复选框，单击"批量删除"按钮即可。

10.1.5　查看商品的已售数据

运营者可以进入"推荐橱窗"或"带货口碑详情"界面，查看橱窗商品的已售数据，如图 10-9 所示。

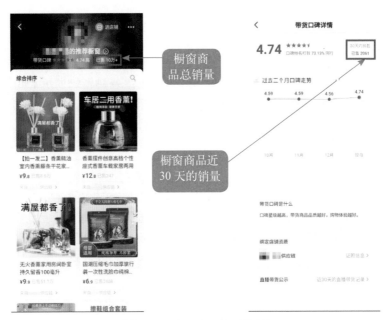

橱窗商品总销量

橱窗商品近30天的销量

图10-9 查看商品的已售数据

由于数据统计周期不同，通过上述两个渠道看到的商品已售数据会有差异。

"推荐橱窗"界面中的已售数据，是运营者在直播、短视频和橱窗中带货销售的商品总销量。注意，必须是支付成功的订单数，没有支付的订单不计算。

"带货口碑详情"界面中的已售数据，是运营者在近30天内通过直播、短视频和橱窗售出的商品总销量，同样只统计支付成功的订单数。

10.2 商品种草：带货内容的创作攻略

运营者要将商品橱窗中的商品卖出去，可以通过直播间和短视频两种渠道来实现，其中短视频不仅可以为商品引流，还可以吸引粉丝关注，提升老顾客的复购率。因此，种草视频是实现橱窗商品售卖不可或缺的形式，运营者在做抖音盒子时也需要多拍摄种草视频。

抖音盒子是抖音旗下的一个潮流时尚电商平台，在这里可以看到各种潮流资讯、穿搭指南、彩妆护肤等内容，所有的商品都是围绕"潮流"这个定位进行选品和内容制作的。本节将介绍抖音盒子平台的主要商品类型及相关种草内容的创作技巧，帮助运营者轻松打造爆款橱窗商品。

10.2.1 穿搭内容的种草攻略

穿搭可以说是抖音盒子平台的第一品类，而且还是人们的生活必需品，在衣食住行里排列第一。服装除了其保暖功能外，还有美观功能，服饰可以代表一个人的形象。

越来越多的人开始重视服装的合适、得体、美观、时尚，但是挑选衣服并不是一件简单的事情，它不仅需要花费时间，还要考虑各种特殊情况。有这样的用户痛点，就为抖音盒子的运营者带来了很多销售机会。那么，穿搭类的种草视频该如何创作呢？下面总结了 3 大要点，分别为强烈的个人风格、实用的价值、追寻时下热点。

1. 强烈的个人风格

运营者可以通过突出强烈的个人风格，让用户第一时间记住你。在抖音盒子上，可以看到街头、复古、Y2K、机能、日潮、国风等明确的服装风格，能让用户更快地找到自己喜欢的产品，如图 10-10 所示。当然，运营者也可以发挥自己的个人特色和人格魅力，甚至还可以通过自己对时尚的理解，打造独特的个人风格。

图 10-10　风格强烈的穿搭种草视频示例

 专家提醒

　　Y2K 中的 Y 代表 Year，2K 即 2000，这个名字源自一种名为"千年虫"的电脑病毒。Y2K 风格的主要特点是以科技感、配色鲜艳、立体感为设计核心，具有独特的迷幻、复古与未来感。机能风格来源于"赛博朋克"，最初是为运动、户外探险、户外作业等需求而设计的服装，最大的特点在于面料和功能性设计。

运营者可以根据自己的风格，来创建品牌的风格。创建个人品牌并没有想象中那么遥不可及，市面上到处都可以看见新的品牌诞生，一个品牌最重要的就是寻找到自己最擅长的风格，并与其他品牌区分开来。

2. 实用的价值

运营者多做一些实用性的内容，往往更容易获得用户的点赞和互动。例如，穿搭展示的内容，建议运营者在视频中增加口播或文字，将搭配的要点和适用的场景告诉用户，或者把品牌或店铺罗列出来，便于用户下单，如图 10-11 所示；潮品推荐类的内容，则建议运营者对单品进行详细介绍，或者对同类单品进行对比测评，给出选购建议，这样带货效果会更好，如图 10-12 所示。

图 10-11　穿搭展示类种草视频示例　　　**图 10-12　潮品推荐类种草视频示例**

3. 追寻时下热点

潮流和趋势是并行的，流行趋势可以是季节、节日等变化，比如新年穿搭，或者提前预告春夏流行色搭配，或者市面上的新品、联名款、限定款等。运营者要时刻保持敏锐的时尚嗅觉，这样可以让你先人一步做出爆款内容。

10.2.2　美妆内容的种草攻略

字节跳动公司旗下的巨量星图提供的数据显示，无论是接单总金额还是接单数量，美妆达人号都是遥遥领先其他领域的，因此美妆在短视频领域的趋势不容忽视。下面介绍一些美妆内容的种草攻略。

1. 真实有趣的人设

在抖音盒子平台上，用户可以看到各类妆容教程、护肤心得、好物分享等内容，平台上的美妆短视频达人阵容正在快速增长。在整个抖音电商体系中，美妆都是一个相对成熟的品类，运营者想要脱颖而出必须要有恰当的人设。

建议运营者将真实的自己呈现给用户，用你觉得舒服的方式和节奏与用户交流。很多时候，一个真实有趣的人设，会更有记忆点。

2. 真诚地分享知识

各种美妆知识更容易吸引用户关注，其种草内容大致可以分为以下几类。

（1）好物分享。平台鼓励详细介绍单品的内容，运营者尽量一次介绍多款产品，同时亲身试用，这种内容对和运营者有相同肤质的用户来说更有参考价值，如图 10-13 所示。

（2）妆容教程。运营者可以将妆容教程视频中用到的单品都罗列出来，如果是仿妆或变妆等内容，则最好保留化妆的整个过程。

（3）护肤攻略。运营者既可以从专业的角度分析，也可以从个人的角度谈谈自己的护肤心得。

3. 紧跟时尚潮流趋势

流行妆容、美妆好物是时刻变化的，运营者必须发掘出热门妆容，紧跟护肤趋势，要做到这一点，建议运营者时刻关注各种明星造型和新品上市信息，抢得市场先机，如图 10-14 所示。

图 10-13　好物分享类种草视频示例

图 10-14　新品上市类种草视频示例

10.2.3 课堂笔记的创作攻略

课堂笔记是抖音盒子的特色功能，运营者可以进入"我的"界面，点击想要添加笔记的视频。进入视频播放界面，在下方可以看到"添加笔记章节，获更多流量"的提示，点击该文字提示，如图 10-15 所示。执行操作后，即可输入相应的笔记内容，笔记可以通过章节功能进行分段，如图 10-16 所示。

图 10-15 点击文字提示

图 10-16 输入相应的笔记内容

笔记编辑完成后，点击"发布笔记"按钮，弹出"确认发布吗？"对话框，确认无误后点击"确认发布"按钮，如图 10-17 所示。

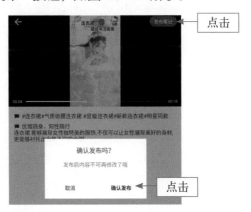

图 10-17 点击"确认发布"按钮

执行操作后，即可发布笔记，如图 10-18 所示。单击"查看笔记"按钮，即可查看该短视频的笔记，如图 10-19 所示，优质的视频笔记可以让视频得到更多推荐。

图 10-18　发布笔记

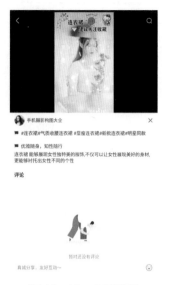

图 10-19　查看笔记

抖音盒子希望运营者将自己作为'课代表'，提炼视频内容作为笔记，使用精简的文字将视频中的穿搭、化妆用到的单品等内容罗列出来，让用户快速获取关键信息，这样用户在看完视频以后，就可以直接在课堂笔记的章节中进行查找和学习了。

另外，运营者也可以在笔记中对视频内容进行补充，为用户带来更多新的知识点。最后，运营者还可以在笔记中体现自己的个人风格和个性，通过有趣的文字来吸引用户关注。

10.3　视频卖货：让货品"自动"卖出去

在抖音平台的基础上衍生出抖音盒子后，很多百万粉丝级别的抖音号都成了名副其实的"带货王"，捧红了不少产品，让抖音盒子成为"种草神器"。通过种草短视频可以直接将用户引导至商品橱窗下单，进一步缩短了用户的购物路径，种草短视频甚至还成为一种"自动"售货机，同时也让运营者的电商变现之路变得更容易走。

10.3.1　带货短视频的 6 大基础原则

很多抖音上的视频创作者最终都会走上带货卖货这条电商变现之路，种草类带货视频能够为产品带来大量的流量和销量，同时让运营者获得丰厚的收入。下面介绍带货短视频的 6 大基础原则，帮助运营者快速提升视频的流量和转化率。

（1）画质清晰，亮度合适。带货短视频的内容画质必须保证清晰，同时背景曝光要正常，明亮度要合适，不要进行过度的美颜磨皮处理。

（2）避免关键信息被遮挡。注意字幕的摆放位置，不能遮挡人脸、品牌信息、产品细节等关键内容，如图 10-20 所示。

图 10-20　字幕没有遮挡关键信息的视频示例

（3）音质稳定，辨识度高。运营者在给视频配音时，注意背景音乐的音量不要太大，同时确保口播带货内容的配音吐字清晰。

（4）背景画面干净、整洁。带货短视频的背景不能过于杂乱，尽量布置得干净、整洁一些，让用户看起来更舒适。

（5）画面稳定、不卡顿。在拍摄时切忌晃动设备，避免画面变得模糊不清，同时各个镜头的衔接处要流畅，场景过渡要自然。

（6）真人出镜，内容真实。对于真人出镜讲解产品的视频，平台是十分支持的，尽量不要完全使用 AI 配音，同时要保证商品讲解内容的真实性。

10.3.2　优秀带货视频的通用必备要素

与单调的文字和图片相比，视频的内容更丰富，记忆线也比较长，信息传递更直接、更高效，一个优秀的带货视频能带来更好的橱窗商品销售业绩。如今，短视频、直播带货当道，用户已经没有足够的耐心去浏览商品的图文信息，因此带货视频的重要性不言而喻。那么，优秀的带货视频都有哪些通用的必备要素呢？

下面分别进行介绍。

（1）实物展示：包括真实货品、真实使用场景和真人试用等内容。

（2）卖点精讲：每个橱窗商品精选 1～2 个卖点，并进行重点讲解。

（3）有吸引力的开头：可以强调用户痛点来引起共鸣，然后再利用橱窗商品来解决痛点；也可以强调痒点来激发用户的好奇心，然后再引出橱窗商品。

（4）功效类产品——对比展示：橱窗商品使用前后的对比效果要直观、明显。

（5）非功效类产品——细节展示：近距离拍摄实物产品的特写镜头，展示橱窗商品的细节特色，如图 10-21 所示。

（6）多种方式测试：展示橱窗商品的特性，让用户信服，同时还可以加深用户对商品的印象。

（7）退货保障：强调退货免费、验货满意再付款等服务，如图 10-22 所示，增强用户下单的信心。运营者可以结合视频的最后画面，用文字和箭头来引导用户点击橱窗商品并下单。

图 10-21　商品细节展示　　　　图 10-22　退货免费服务

10.3.3　带货视频标题设计的 5 大技巧

对于橱窗商品带货视频的标题来说，其作用是让用户能搜索到、能点击，最终进入商品橱窗或店铺产生成交。标题设计的目的则是为了获得更高的搜索排名，更好的用户体验，更多的免费有效点击量。

在设计带货视频的文案时，标题的重要性决定了你的视频是否给用户点击的足够理由。切忌把所有的卖点都罗列在视频标题之上，记住标题的唯一目标是让用户直接点击。下面给大家总结一下写好一个带货视频标题需要注意的几个关键点。

- 你要写给谁看——用户定位。
- 他的需求是什么——用户痛点。
- 他的顾虑是什么——打破疑虑。
- 你想让他看什么——展示卖点。
- 你想让他做什么——吸引点击。

运营者不仅要紧抓用户需求，而且要用一个精炼的文案表达公式来提升标题的点击率，切忌絮絮叨叨、毫无规律地罗列堆砌相关卖点。图 10-23 所示为带货视频标题设计的 5 大技巧。

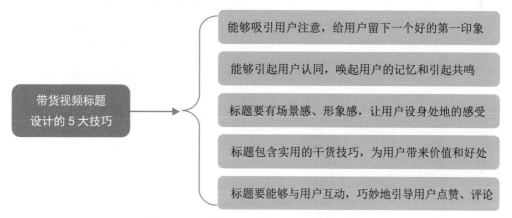

图 10-23　带货视频标题设计的 5 大技巧

带货视频的标题文案相当重要，只有踩中用户痛点的标题才能吸引他们去购买视频中的产品，如图 10-24 所示。运营者可以多参考如小红书等平台中的同款产品视频，找到一些与自己要带货产品的特点相匹配的文案，这样能够提升创作效率。

例如，运营者可以在带货视频的标题中添加一些"励志鸡汤"的内容，并且结合用户的需求或痛点，从侧面来凸显产品的重要性，这样的内容很容易引起有需求的精准用户产生共鸣，带货效果也非常好。

图 10-24　踩中用户痛点的标题文案

10.3.4 可以高效种草转化的 5 类视频

如果用户看完了你的种草视频，则说明他对该商品有一定的兴趣。而种草视频与图文内容相比，可以更细致、直观、立体、全方位地展示橱窗商品的卖点和优势，从而有效地刺激用户下单，提高橱窗商品的转化率。

下面重点介绍可以高效种草转化的 5 类视频。

（1）横向测评商品类：通过筛选多款商品进行横向测评，帮助用户从多角度快速了解这些商品的特点，如图 10-25 所示。

（2）制作过程展示类：运营者可以在商品的工厂或生产基地进行实拍，或者在视频中真实还原商品的制作过程，如图 10-26 所示。

图 10-25　横向测评商品　　　　　　图 10-26　制作过程展示

（3）商品深度讲解类：运营者可以从多维度专业化地介绍商品的卖点、价位等信息，同时还可以分享自己的使用体验，如图 10-27 所示。

（4）使用教程攻略类：运营者可以介绍商品的购买攻略、使用技能，帮助用户掌握商品的正确使用方法，如图 10-28 所示。

（5）多元场景展示类：运营者可以拍一些 Vlog 或者情景剧，然后将产品植入其中，同时还可以通过专业团队打造高稀缺性、高质感的视频内容。

专家提醒

　　种草视频可以将日常生活作为创作方向，包含但不限于这几类：穿搭美妆、生活技巧、美食教学、健康知识、家居布置、购买攻略等。

图 10-27　商品深度讲解

图 10-28　使用教程攻略

10.3.5　教程类带货视频的制作技巧

当商品需要安装或者功能比较复杂时，如果只是用抽象的图文或说明书来展示操作信息，用户可能很难看懂，通常会再次咨询运营者，这样便增加了运营者的工作量，而且部分不会操作的用户甚至会直接给出差评或投诉。

此时，运营者可以制作一些教程类的带货视频，更直观、细致地演示橱窗商品的使用方法，做到一劳永逸，提升用户的购物体验。下面重点介绍教程类带货视频的 3 个制作技巧。

1. 真人演示使用教程

如果橱窗商品的使用难度比较大，或者功能比较复杂，如单反相机、汽车用品、化妆品等，运营者可以通过真人口播演示并进行分步骤讲解，指导用户如何去使用这个商品，如图 10-29 所示。

专家提醒

真人演示使用教程的视频不仅简单明了，而且还可以直击用户痛点，让用户深入了解商品的相关信息，增加用户在视频播放界面的停留时间，并形成种草效果，以及能够快速达成成交。

2. 分享购买技巧攻略

运营者可以给商品作出一系列购买攻略。例如，运营者想帮用户挑选一款物美价廉的化妆品，则可以教用户如何选择购买地点、如何货比三家更省钱以及如何选到适合自己的化妆品。

图 10-29　真人演示使用教程

3. 分享实用知识技能

运营者可以手把手地教用户利用商品解决一些具体问题，通过分享某种知识、技巧或技能来售卖相关商品。例如，运营者在为无人机产品带货时，可以教用户一些常用的航拍技巧，如图 10-30 所示。

图 10-30　分享实用知识技能

10.3.6　丰富带货视频场景展示的技巧

很多时候，用户打开抖音或抖音盒子等 App 时只是随意翻看，并没有很明确的购买需求，但如果他们点开了运营者的商品橱窗，说明已经对视频中的商品产生了浓厚兴趣。此时，运营者需要深挖这些用户的潜在购物需求，通过带货视频将他们带入到具体的场景中，将其转化为自己的意向客户。

下面介绍丰富带货视频场景展示的相关技巧。

1. Vlog 日常类

运营者可以将带货视频拍成 Vlog，从各种生活和工作场景中展示商品，如记录家庭生活、日常工作、职场趣事、探店、旅游等场景，如图 10-31 所示，或者在视频中展示试货、选货等环节，让用户对生活充满憧憬。

2. 主题小剧场类

运营者可以尝试搞笑、反转、情侣日常、职场生活等主题的小情节剧，注意不要模仿过于陈旧的剧情套路，要学会创新和运用热点事件，从而增加内容的话题性。

3. 高质感稀缺视频

高质感稀缺视频通俗来讲就是物以稀为贵，运营者可以与专业视频团队合作，制作出 ins 风（Instagram 上的照片风格，色调饱和度低，整体风格多偏向复古冷调）、动漫动画、电影质感、舞台表演风等原创性极强的高质量内容，如图 10-32 所示。

图 10-31　旅游 Vlog 视频

图 10-32　ins 风视频